El estudio del artista en la literatura del siglo XIX

Liminalidad, género y sociedad

Encuentros: Culturas y Literatura

5

MANUEL HUESO VASALLO

El estudio del artista
en la literatura del siglo XIX

Liminalidad, género y sociedad

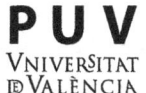

PUV
VNIVERSITAT
ID VALÈNCIA

Esta publicación es parte del proyecto de I+D+i «Reorientando la Teoría del Ensamblaje en la Literatura y la Cultura Anglófonas» (PID2022-137881NB-I00) financiado por MCIN y la AEI: «FEDER Una manera de hacer Europa».

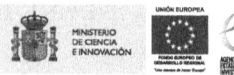

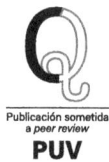

Publicación sometida
a *peer review*

PUV

Publicacions de la Universitat de València
Arts Gràfiques, 13 • 46010 València
http://puv.uv.es
publicacions@uv.es

Coordinación editorial: Juan Pérez Moreno
Corrección y maquetación: Letras y Píxeles, S. L.
Diseño de la cubierta: Quinto A. Estudio Gráfico

ISBN: 978-84-1118-560-8 (papel)
ISBN: 978-84-1118-561-5 (ePub)
ISBN: 978-84-1118-562-2 (PDF)

Depósito legal: V-726-2025
Printed in Spain

A mis padres, Nati y Manolo,
y a mi querida Eva

Índice

Introducción

Antes de comenzar la lectura de este libro, conviene aclarar una serie de aspectos. En primer lugar, hay que tener en cuenta que lo que se pretende en esta obra es analizar, inquirir y aproximar al lector a una serie de representaciones literarias en las que el «estudio del artista» tiene un papel importante. Cabe decir, por tanto, que en estas páginas no pretendo describir o mostrar la forma en la que dichos espacios funcionaban, sino más bien exponer cómo sus representaciones literarias dejan entrever muchas de las complejidades socioculturales de la época en la que dichas representaciones fueron creadas. Como expondré más adelante, el estudio del artista, por su naturaleza liminal e intrínseca relación con la creatividad y el arte, constituye una presencia casi fija en la literatura de todas las épocas y, en mi opinión, podemos aprender mucho si nos paramos a analizar cómo esta presencia interacciona con el mundo de sus autores.

Es importante aclarar también que, a pesar de que artesanos, pintores, escultores, escritores y otras artistas –y, por ende, sus estudios o lugares de trabajo– figuran en la literatura occidental de todas las épocas, esta investigación se centra, principalmente, en algunos casos que, como se justificará más adelante, se han considerado especialmente representativos de una época concreta: el siglo XIX y los albores del siglo XX. Este límite temporal se debe a dos motivos claros: por un lado, la colección de la que este trabajo forma parte pretende acercar la cultura decimonónica a los lectores contemporáneos, por lo que, evidentemente, las obras que se han seleccionado debían pertenecer a dicho período; por otro lado –y, quizás, de forma aún más relevante–, se han elegido obras de estas épocas porque su propia naturaleza nos revela los orígenes de ciertos factores sumamente importantes relacionados con la sociedad contemporánea. Así, por ejemplo, las descripciones del estudio del artista en las obras de Anne Brontë o de Émile Zola presentan al lector, cuando nos aproximamos a ellas a través de un análisis de la cultura de la época, importantes reflexiones acerca de los orígenes del feminismo o de los estragos de la obsesión humana. Estos temas, sin duda, siguen impactándonos con la misma fuerza y determinación con la que impactaron a estos autores. En otras palabras, las obras seleccionadas pertenecen al siglo XIX y a principios del siglo XX por los numerosos cambios sociales, culturales, políticos y literarios que tuvieron lugar durante estos años, y que se exponen, de una forma u otra, en las distintas maneras en las que los autores representan los estudios artísticos en sus obras.

Por otro lado, me gustaría aclarar que las obras que se analizan en las siguientes páginas, aunque son internacionales y muestran un amplio rango de tipos distintos de escrituras, están confinadas a lo que conocemos como literatura occidental. Estoy seguro de que esta investigación podría ser ricamente complementada con obras de otras partes del mundo, pero también creo que es importante, antes de embarcarnos en tan ambicioso proyecto, tener claro el impacto que el estudio del artista causó en la literatura occidental y, sobre todo, cómo aún hoy muchas de sus representaciones resuenan con fuerza en la cultura contemporánea occidental. Además, el hecho de establecer un límite geográfico nos permite descubrir, de forma más clara y directa, cómo muchos de los temas tratados a través de la representación del estudio del artista por parte de los autores estudiados se repiten y reaparecen en las obras de los demás, demostrando así una cierta conexión intrínsecamente occidental –aunque, por supuesto, susceptible de ser complementada por la literatura global– entre ciertos temas, en la época seleccionada y en la cultura del siglo XXI.

Respondiendo al espíritu crítico de la colección a la que esta contribución pertenece, el presente volumen hace uso, en su exploración de las representaciones literarias del estudio del artista en el siglo XIX y a principios del XX, de una metodología ecléctica y cualitativa que permita a cualquier lector –incluso a aquellos que no estén previamente familiarizados con el tema tratado– comprender mejor no solo el impacto cultural del estudio artístico en la literatura, sino también las épocas en cuestión desde una perspectiva novedosa y puramente humanística. En otras palabras, se hará uso en las siguientes páginas de aspectos filosóficos, históricos, artísticos y culturales para poner de manifiesto la importancia del estudio del artista, pero siempre de una forma que sea tanto asequible como ilustrativa para aquellos que no estén habituados a algunos de los conceptos desarrollados. Cabe decir, por otro lado, que muchas de las teorías en las que se basa esta obra son de origen anglosajón, por lo que, en el caso de no haberse podido encontrar traducciones previas de dichas teorías al castellano, se llevará a cabo una traducción propia exhaustiva y siempre indicada en el texto. Así, las teorías sobre lo liminal y los estudios sobre el espacio, las casas y los estudios de diversos autores aparecerán aquí traducidos al castellano, junto a las teorías previamente traducidas de filósofas tales como Sara Ahmed o Judith Butler. Siguiendo, además, el enfoque de la colección, este volumen es plenamente multidisciplinar también con respecto a los textos y autores que serán su objeto de análisis. Esto quiere decir que el estudio del artista nos pondrá en contacto, inexorablemente, con pintores, escultores, escritores y otros tipos de artistas de la época, además de con temáticas tan diversas como los albores del feminismo, los cambiantes enfoques sexuales de la época, la presencia de lo sobrenatural en la cultura del XIX o la casi obsesiva dicotomía entre espiritualidad y materialidad que parece habernos llegado directamente a nosotros como herencia de los períodos considerados más adelante. En otras palabras, el presente volumen responde al espíritu de la colección *Encuentros: Cultura y Literatura* en tanto que utiliza la representación literaria de un espacio concreto y determinado para reflexionar sobre diversos aspectos de la cultura decimonónica y de principios del siglo XX, de una forma que pretende ser novedosa, exhaustiva, diversa y, a la vez, asequible para todo tipo de lectores, desde especialistas en la materia hasta aquellos que comparten un interés particular por el pasado, el arte y el intercambio mutuo entre la cultura (contemporánea o histórica) y la literatura.

Es, por tanto, con el propósito de evidenciar la forma en la que la cultura, la historia, el arte y la literatura se encuentran y reencuentran una y otra vez a lo largo de los años que este libro toma como principal objeto de investigación en un determinado espacio el «estudio del artista». Estos espacios no solo acomodan las herramientas, instrumentos y artilugios que le permiten al artista desarrollar sus obras. En ellos, por ser espacios liminales, es decir, a medio camino entre un hogar y una oficina, una frontera entre el mundo privado y el público, se producen con más frecuencia, tal y como la literatura y las obras que se van a analizar demuestran, importantes encuentros sociales y culturales que reflejan con una precisión, un simbolismo y un eclecticismo casi sorprendentes los grandes cambios de sus correspondientes contextos históricos, o los gérmenes de dichos cambios. Esta fuerza de significado, esta capacidad para crear metáforas en un espacio ficticio y literario, no sería posible, por supuesto, si dicho espacio no fuese, a su vez, un punto de encuentros culturales en la vida real.

Quizás la gran fuerza evocativa que el estudio del artista ha tenido para cientos de autores a lo largo de los siglos no sea tan sorprendente si tenemos en cuenta su primera aparición literaria. Bajo el austero semblante del bien conocido proverbio que dice aquello de que «nada es realmente nuevo» se esconde una cierta verdad, o al menos ese es el caso en el tema que nos concierne. Así, el estudio del artista, como tantísimos otros elementos que perduran en la literatura contemporánea, hizo su primera aparición ficticia en el que se considera uno de los primeros textos del mundo occidental: la *Ilíada*. En el canto XVIII la diosa Tetis, madre de Aquiles, acude a la morada del dios Hefesto, artesano, inventor y fabricante por excelencia de entre los dioses del panteón griego. Lo que sucede en ese episodio de la épica homérica es digno de ser mencionado aquí, pues nos pone ya sobre aviso en cuanto a algunos de los factores que serán más relevantes para entender la importancia del estudio artístico en la ficción posterior. Del taller de Hefesto se nos dice, por ejemplo, que en él habitaban «unas doncellas doradas que trabajaban con él y eran como jóvenes verdaderas, con juicio y razón, voz y fuerza y toda la sabiduría de los inmortales» (2022: 416). De este modo, este espacio adquiere inmediatamente para los lectores contemporáneos un aire ciertamente futurista, sugerente de robots, tecnología hiperavanzada e incluso poshumanista. De más relevancia aún es la descripción de la labor que Hefesto desempeña a petición de Tetis: «se dirigió adonde tenía los fuelles, los volvió hacia la llama y les ordenó que hicieran su oficio. Veinte fuelles soplaron sobre los hornos con distinta fuerza, algunos ferozmente cuando lo necesitaba y otros menos según lo deseaba Hefesto» (2022: 418). La relevancia de este pasaje no solo reside en lo que se lee en él a simple vista: el poder que el dios insufla en sus herramientas y en sus ayudantes mecánicos es ciertamente impactante por su similitud con procesos descritos en numerosas obras posteriores de fantasía y de ciencia ficción, o incluso con los novedosos métodos de manufacturación que la tecnología contemporánea nos permite desarrollar. No obstante, las principales similitudes entre el espacio en el que Hefesto trabaja y los estudios artísticos representados en las novelas que aparecen en esta obra son, sin duda, su común «liminalidad» y su potencial para cuestionar o desestabilizar el poder hegemónico establecido.

La «liminalidad» (del inglés *liminality*) será uno de los principales ejes en torno a los cuales gire esta obra y, por tanto, se llevará a cabo una exploración profunda del concepto y de su relación y beneficio con la literatura y el estudio del artista en los siguientes capítulos de esta obra. Baste ahora con decir, a modo de introducción, que lo liminal es aquello que se encuentra entre dos estados: en un tránsito entre una realidad y otra, o, incluso, en los márgenes de la jerarquía social por su falta de estabilidad. En el caso del taller de Hefesto, como en el de tantos otros estudios artísticos ficticios, la liminalidad está presente en tanto que el dios, a pesar de residir en el Monte Olimpo junto a su divina progenie, usa su arte y su habilidad para servir al mortal Aquiles, demostrando que este espacio, supuestamente inmaculado e inaccesible, se halla a medio camino entre lo divino y lo humano: un punto de encuentro para ambas culturas –si es que así puede llamarse a las distintas formas de vivir de los antiguos griegos y sus dioses–.

Por otro lado, y tal y como se ha indicado con anterioridad, este espacio (el taller) también sirve para quebrantar la jerarquía establecida. En este caso, debemos recordar que Zeus, portador de la égida y rey indiscutible del Olimpo, ha prohibido, con anterioridad, que los dioses intervengan o participen de forma alguna en la guerra entre griegos y troyanos. A pesar de que la prohibición de Zeus es, evidentemente, desobedecida por casi todos los miembros del panteón, resulta especialmente interesante que el fruto de la labor de Hefesto en su taller –el famoso y opulento escudo de Aquiles, así como el resto de su armadura– termine siendo un elemento decisivo en el desencadenante de la *Ilíada*.

Podemos decir, por tanto, que el taller de Hefesto aparece en la narrativa homérica como un puente entre los mortales y los dioses y como el lugar en el que, a través del arte del dios, se desobedece de forma incuestionable la voluntad de los poderes superiores a este. Veremos, pues, a lo largo de este estudio, cómo la literatura del siglo XIX y principios del XX ha mantenido en su representación de los espacios de creación artística la misma voluntad liminal de establecer puentes entre distintas realidades y culturas, y la potencialidad de crear escenarios donde el orden establecido se ve gravemente cuestionado o incluso derrocado.

Por supuesto, también hay importantes diferencias entre el taller de Hefesto y los estudios que aparecen en los siguientes capítulos. El tipo de labor que Hefesto lleva a cabo podría considerarse más propiamente artesano que artístico, en tanto que los resultados de dicha labor tienen una utilidad defensiva o mecánica, con el fin de ayudar, de una forma u otra, a los otros dioses o a sus protegidos. Por otro lado, la labor que realizan los artistas ficticios de las obras que vamos a comentar a continuación tiene como resultado objetos con una utilidad meramente estética. Sería un error, no obstante, considerar que por ello estos objetos tienen menos poder o menos impacto, pues consiguen, de una forma u otra, ser el germen, como veremos más adelante, de una serie de cuestionamientos y cambios sociales propios de la época que nos concierne. La comparación con el taller de Hefesto, por tanto, nos sirve no tanto para trazar una similitud lineal y exacta con los estudios artísticos de mitad del siglo XIX y el *fin-de-siècle* occidental, sino más bien para esclarecer cómo los espacios de creación han aparecido siempre en la literatura como lugares imbuidos de cierta trascendencia narrativa y social que deben ser estudiados minuciosamente.

Para conseguir demostrar cómo estos espacios son intrínsecamente relevantes en la época que nos ocupa, y cómo se han desarrollado los ideales asociados con los espacios artísticos desde los comienzos de la literatura occidental, así como su relevancia para los lectores contemporáneos, el primer capítulo de esta obra tiene por objetivo delinear una definición de las posibilidades representativas del estudio del artista. Es decir, ofrece una explicación de cómo las representaciones de estos espacios pueden entenderse como una técnica literaria a través de la cual analizar y explorar complejos asuntos sociales y culturales de la época en la que se llevaron a cabo. Recordando las palabras de Virginia Woolf, quien en *Una habitación propia* (1929) establecía la importancia que para las mujeres artistas debe de tener el hallarse en posesión de un espacio propio en el que poder trabajar (2022: 10), el primer capítulo expondrá, por secciones, la relevancia de los espacios habitables en la literatura del XIX, las idiosincrasias del estudio del artista que lo distingue del resto de casas o moradas literarias y, por supuesto, cómo estas idiosincrasias resuenan de forma especial para, como indica Woolf, aquellos que han sido sistemáticamente excluidos de los sistemas de producción cultural y artística hegemónicos de su época, haciendo que estos espacios se conviertan en fronteras entre lo socialmente aceptado y lo prohibido; abriendo puertas para el cuestionamiento de los cánones de conducta predominantes. Así, se desarrollará también una teoría que permita comprender hasta qué punto el estudio del artista es un espacio liminal que da pie a la expresión de identidades e ideas que serían, de otra forma, difíciles de articular en la literatura de la época. La «habitación propia» de Woolf puede verse convertida en la literatura previa a su ensayo en un espacio en blanco –una suerte de tabula rasa literaria– en la que los autores podrían plasmar aquello que en otros contextos o espacios se hubiese visto censurado o reprimido. Para demostrar propiamente esta habilidad representacional del estudio del artista, en este capítulo se expondrán también las teorías de ciertas filósofas y críticas contemporáneas, tales como Sara Ahmed o Rita Felski, así como las ideas de historiadores culturales como James Hall o Roberta White. Este primer capítulo constituye, pues, la base teórica y filosófica a través de la cual se interpretarán las representaciones literarias del estudio del artista que figurarán en el resto de capítulos. Más específicamente, la idea detrás de este capítulo es que el lector o lectora comprenda de una forma sucinta y cualitativa la importancia de prestar atención a los espacios donde residen y trabajan los artistas en la literatura, y que sepa interpretar de qué metáforas, símbolos y referencias se valen estos espacios y sus autores para poner en tela de juicio las normas de su contexto social.

Los siguientes capítulos se centrarán en el análisis de casos concretos de representaciones de estudios artísticos en novelas cuyas fechas de publicación comprenden desde el año 1848 hasta el año 1905. Estos análisis se verán apoyados por otras fuentes, tales como textos culturales de la época o, incluso, otros relatos, historias y novelas de otros autores que, si bien no ilustran el espacio del estudio del artista con tanta precisión y significado como las narraciones de los autores principales, aportan una visión complementaria a su poder representativo. Cabe decir también que los textos primarios seleccionados para el análisis no han sido del todo fáciles de escoger. Debido a que las páginas de la literatura decimonónica se hallan frecuentemente habitadas por artistas de todos los tipos (escultores, pintores, escritores, arquitectos...) y se hacen constantes referencias a sus espacios de trabajo, requiere un cierto trabajo de investigación fijar una obra –y, especialmente, fuera del ámbito anglosajón– en la que el estudio adquiera la suficiente transcendencia como para poder alcanzar a representar todos los aspectos que se han considerado importantes para llevar a cabo este análisis. Por tanto, la selección de obras se ha realizado teniendo en cuenta los siguientes criterios: que la aparición de estos espacios en la obra demostrase claramente que actuaban como herramientas de representación de actitudes que desafiasen el poder social hegemónico; que se produjese, a través de la descripción del espacio, de forma metafórica o literal, una profunda crítica social al contexto cultural al que pertenecía; que cada obra representase la cultura de un espacio geográfico y temporal distinto (la Inglaterra victoriana, la España de fin de siglo, la Francia de principios de la tercera república...); y, por último, que la representación del estudio del artista estuviese íntimamente ligada a algún aspecto crítico que, aún hoy, siga siendo de especial interés para la cultura y para aquellos lectores a los que esta colección les pueda resultar de especial interés, como el género, la sexualidad, la raza o la psicología humana. Se ha intentado también, aunque, tristemente, de forma no completamente satisfactoria, que figurasen obras tanto de autores como de autoras en la misma proporción. El hecho de que haya sido más fácil encontrar obras escritas por hombres en las que el estudio del artista figura de forma prominente se debe, en parte, al límite temporal en el que se centra este estudio, y es mi firme opinión que un análisis en profundidad de la literatura posterior al siglo XIX en la que se representa el estudio del artista podría ser muy esclarecedor de la forma en la que aquellos que no se identifican como hombres han continuado esta tradición. De hecho, y teniendo en cuenta que a partir de la segunda mitad del siglo XX tuvo lugar una gran proliferación de obras literarias que mezclaban literatura y arte, creo que este trabajo podría dar pie a otros que tracen la evolución de estos espacios siguiendo nuevos parámetros sociales y críticos.

Habiendo dejado claro el criterio de selección de obras que se ha empleado, conviene indicar, pues, que el segundo capítulo se embarcará en un análisis de la interseccionalidad entre el estudio del artista y el rol de la mujer durante el siglo XIX. Así, con una perspectiva de género y teniendo en cuenta lo establecido a lo largo del primer capítulo, se prestará especial atención a la novela *El inquilino de Wildfell Hall* (1848), de la escritora inglesa victoriana Anne Brontë, y al romance *El fauno de mármol* (1860), del norteamericano Nathaniel Hawthorne. En este capítulo se tratará de demostrar cómo estos autores usan el estudio del artista –o, en estos casos, más concretamente, de *las* artistas– como un espacio representativo de la transformación de sus protagonistas, que logran, de formas distintas y con fines distintos, eludir los rígidos cánones de feminidad de su época, para pasar de sujetos pasivos y víctimas de sus circunstancias a agentes activos en sus propias vidas. A pesar de que ambas novelas están separadas por un intervalo de más de diez años, las situaciones a las que sus protagonistas femeninas se enfrentan son remarcablemente similares y la forma en la que ambas utilizan sus estudios artísticos como refugios desde donde repensar su situación hacia su sociedad y su cultura es particularmente similar. Además de estos dos textos, y como se ha indicado con anterioridad, se emplearán otras obras críticas y, sobre todo, otras novelas, relatos y textos culturales coetáneos a las novelas para demostrar hasta qué punto los espacios que habitan los personajes femeninos de las novelas nos permiten comprender sus herramientas para escapar del patriarcado y para construir una *vida propia* más allá de sus *habitaciones propias*.

El tercer capítulo, por otro lado, tomará como objeto de estudio la novela *La musa trágica* (1890), del autor Henry James (nacido en Estados Unidos en 1843 pero nacionalizado como sujeto británico en 1915, tras pasar la mayor parte de su vida en Inglaterra). En este capítulo, y en contraste con el anterior, se analizará cómo el estudio del artista sirve como un espacio en el que poder expresar la disidencia sexual y social masculina. El protagonista de la novela se debate entre seguir los parámetros marcados por las convenciones victorianas y convertirse en el ideal del *gentleman* decimonónico inglés o, por el contrario, dedicarse a ser pintor –su verdadera pasión–. Además, las rígidas normas sociales de la época con respecto a la homosexualidad se flexibilizan y se cuestionan en el estudio del artista, algo especialmente digno de estudio y consideración, si se tiene en cuenta que la obra se escribió tan solo cinco años después de la aprobación del infame *Labouchère Amendment* británico, una ley que recrudeció las condenas y las condiciones vitales de los homosexuales ingleses desde su aprobación hasta su abolición en 1967. Así pues, en esta sección se resumirán, de forma sucinta, algunas de las ideas claves de la teoría *queer* que permiten entender con mayor profundidad la forma en la que la liminalidad del estudio del artista permite a James articular una forma de masculinidad completamente denostada desde un punto de vista médico, legal y social durante la época en la que se escribió y publicó la novela. Para complementar la información ofrecida en este capítulo, se llevará a cabo también una reflexión más breve sobre algunos episodios de la novela *El retrato de Dorian Gray* (1890), del famoso escritor y dramaturgo irlandés Oscar Wilde. Por otro lado, se atenderá también a otros documentos –legales, literarios y biográficos– de la época que pondrán de manifiesto la acertada manera en la que James consigue erigir el espacio artístico como un lugar seguro en el que cuestionar y revisar lo que significa ser un hombre en la época victoriana y, más concretamente, un hombre que desafía las convenciones sexuales heteropatriarcales.

A continuación, el cuarto capítulo servirá de reflexión sobre el papel del artista como elemento disruptivo en la sociedad hegemónica de su época. Para llevar a cabo dicha reflexión, se prestará especial atención a la forma en la que los estudios artísticos representados en dos novelas distintas –*La obra* del escritor francés Émile Zola (1886) y *La quimera* de la española Emilia Pardo Bazán (1905)– actúan como espacios en los que las distinciones sociales, culturales, políticas y sexuales de sus protagonistas se difuminan y se cuestionan, pero también les destruye a ellos mismos. Se hará énfasis, concretamente, en cómo las circunstancias sociales de los personajes de ambos textos se materializan en sus estudios y la forma en que una profunda observación de estos espacios nos permite contemplar el fuerte impacto que la sociedad ejerce sobre todos los aspectos que la componen para asegurarse de que estos contribuyen a la perpetuación de sus ideales normativos. Estas dos obras no aparecen aquí juntas de forma casual, sino que más bien su emparejamiento responde a la preocupación de ambos autores con los efectos de la obsesión humana y de la imposibilidad de escapar de la modernidad, lo que da pie a una visión del estudio del artista como no solo un lugar liminal de inmenso potencial para *salirse* de la norma, sino también como un enclave perfectamente situado para observar el deterioro de la psique humana cuando esta, aún consciente de las limitaciones de la sociedad, se empeña en luchar contra dichas limitaciones. En otras palabras, este último capítulo no solo demuestra el rol del estudio del artista como un espacio de disidencia revolucionaria, sino que se centra también en cómo dicho espacio puede llegar a representar la peculiar situación social de los artistas ficticios que, de una forma u otra, decidían desviarse de las rígidas normas de su época. Por último, conviene también tener en cuenta que tanto Pardo Bazán como Zola, a pesar de escribir en períodos distintos (aunque, como veremos, la España de principios del XX y la Francia republicana de 1880 tienen, a pesar de sus obvias diferencias, ciertos elementos comunes que influyen de igual manera en las dos novelas que se van a estudiar), eran miembros –si no incluso fundadores en sus propias patrias– de la escuela del naturalismo. Esta característica común nos permitirá observar, aún más claramente, hasta qué punto el estudio del artista se convirtió en un espacio relevante no solo en la literatura, sino también en la sociedad de ambos autores. Para llevar a cabo el análisis se recurrirá, además, a la teoría del ensamblaje (o *assemblage*), y se demostrará mediante esta la forma en la que la sociedad se encuentra interconectada y dificulta las aspiraciones individualistas de sus miembros. A diferencia de los capítulos anteriores, además, se hará énfasis en cómo un cierto tipo de género literario, el *künstlerroman*, presenta al lector, por su preocupación, precisamente, en el efecto que la sociedad tiene en el artista, una visión distinta del estudio del artista que, en vez de ser positiva, pone de relieve una crítica a las limitaciones con las que los mandatos culturales frenan el desarrollo de la creatividad.

Finalmente, y a modo de conclusión, se analizarán los resultados obtenidos en cada uno de los capítulos para que así el lector o lectora pueda decidir por sí mismo o por sí misma si el estudio del artista en la literatura puede llegar a considerarse un elemento de especial relevancia para entender las formas en las que los autores y las autoras de épocas pretéritas se rebelaban, a través de la palabra escrita y de forma simbólica y, a veces, de manera sutil, contra la homogeneidad forzosa impuesta por sus contextos sociohistóricos o la cuestionaban.

Para terminar esta introducción me gustaría recordar al lector que lo que tiene ante sí es, ni más ni menos, que un recorrido sumamente ecléctico por la cultura y la literatura del siglo XIX. La principal misión de este libro es, pues, informar al lector sobre la relevancia en la literatura del estudio del artista, pero también es la de proveerle de una visión detallada y comprensiva de una época cuyos cambios culturales fueron, en muchos casos, el germen de las luchas sociales que aún hoy mantenemos. Al centrar su atención en las novelas de los escritores que se van a analizar, los lectores no solamente estarán aprendiendo sobre sus vidas, sus obras o la forma en la que utilizaron un cierto espacio ficticio para poder cuestionar las normas de su época, estarán también, inevitablemente, familiarizándose de nuevo o conociendo –quizás por primera vez– teorías críticas, historias sociales e ideas filosóficas contemporáneas que nos permiten encontrar una clara conexión entre nuestro pasado y nuestro presente, entre las *habitaciones propias* conquistadas tiempo atrás en la literatura y las que aún hoy nos quedan por conquistar.

1. El estudio del artista: un espacio propio

El arquitecto y filósofo francés Gaston Bachelard indicaba en *La poética del espacio* (1957) que «la casa es nuestro rincón del mundo. Es –se ha dicho con frecuencia– nuestro primer universo. Es realmente un cosmos» (1975: 34). La casa parece ser, en efecto, uno de los aspectos más importantes de la condición humana actual. Nuestras vidas se definen, en gran parte, por el tipo de casa en el que nacemos, nos educamos, vivimos e incluso morimos. Claro está que aquel que se educa en una casa con ciertas características –profusamente decorada o con escasas comodidades; situada en una u otra zona de una ciudad, de un pueblo o en el mismo campo; con espacios abiertos o con espacios cerrados, etc.– adquirirá una cierta percepción de sí mismo, de la sociedad que le rodea o de sus posibilidades económicas y materiales que, si bien no tiene por qué convertirse en partes fundamentales de su personalidad o en un indicador fiable de la forma en la que la vida de dicho individuo se va a desarrollar, dejan una clara huella en la forma de entender la casa, como un símbolo del cosmos, de todo lo que nos rodea, que será distinta a la de prácticamente cualquier otro individuo. Si a esto le sumamos la continua lucha por la casa, entendida como los retos financieros y sociales que, por desgracia, parecen estar agravándose cada año, para adquirir una vivienda y para fundar, en otras palabras, un hogar, podemos afirmar sin duda que el concepto de *casa* marca de una forma clara nuestro desarrollo como personas desde el principio hasta el final de nuestros días. La casa –o la ausencia de la casa–, pues, deja una indeleble marca en la psique humana.[1]

No debería resultarnos extraño que, como Bachelard comenta más adelante en su obra, la casa pueda ser fácilmente entendida como algo que va más allá de su realidad material, como un conjunto de símbolos y metáforas con las que podemos asociar distintos aspectos de nuestras vidas de forma casi automática (1975: 70-9). Por lo tanto, en este cosmos particular que es la idea de la casa en nuestra psique, una cocina puede ser más que una cocina. Puede ser el lugar que asociamos con reuniones familiares, con un miembro concreto de nuestra familia, con la domesticidad entendida como algo positivo. O, por el contrario, puede ser un espacio que refleja violencia, o la opresión de un rol de género particular, la domesticidad, sí, pero entendida como algo negativo. Bachelard, por ejemplo, nos habla del sótano de la casa como un lugar donde podemos ver reflejados los miedos infantiles, una estancia

---

[1] Numerosos estudios psicológicos y sociológicos demuestran la ubicuidad de la casa como componente clave en el desarrollo humano (Chapin, 1951; Marc, 1977; Aragonés et al., 2010; Graham et al., 2015). Ya que esta obra no pretende ser un estudio psicológico como tal, sino un texto de crítica literaria y cultural, no he considerado oportuno adentrarme con detalle en este tema, más allá del valor metafórico o literario que se le puede dar al espacio habitado en relación con los temas que se tratan en las siguientes páginas.

que relacionamos con lo irracional, lo oscuro, etc. (1975: 48-9). Siguiendo esta forma de pensar, la famosísima idea que Virginia Woolf defendió en su ensayo *Una habitación propia* cobra un sentido distinto. A pesar del énfasis que la madre del modernismo inglés pone en las condiciones materiales de la habitación propia como un espacio donde la mujer pueda trabajar al margen de las obligaciones sociales y morales impuestas por el sistema patriarcal de la época (2022: 143-5), se puede decir, con base en lo argumentado con anterioridad, que la habitación propia puede ser también entendida como un espacio dentro de la casa en el que el individuo puede expresarse de forma libre, un espacio seguro dentro del cosmos que es la casa en el que poder reflejar y plasmar las ideas, habilidades y la personalidad de aquellos que ocupan dicha habitación. Por supuesto, esto no resta importancia al argumento original de Woolf, sino que subraya la forma en la que este espacio puede llegar a ser un microcosmos personal dentro del gran sistema de normas y convenciones que es la casa en sí, entendida como un elemento importante en la formación de la identidad del individuo.

El estudio del artista, por lo tanto, puede entenderse como esa *habitación propia* que permite al artista (ficticio o real) crear un espacio seguro donde sus propias normas y convicciones se sobrepongan a las de la casa en la que habita. Si desarrollamos aún más esta metáfora, podremos ver que, mientras que la casa puede representar el orden social y las convenciones de una época, la habitación propia, el estudio, puede llegar a representar al individuo que, dentro de dicho orden social, discrepa de este o lo cuestiona. Así, este capítulo prestará especial atención a tres aspectos interconectados que nos permitirán entender mejor la forma en la que el estudio del artista en la literatura del siglo XIX representa espacios donde el individuo explora su propia individualidad al margen de las convenciones. El primero de estos aspectos es el significado cultural de la casa, de los espacios habitados, en la época que nos concierne. Es importante comprender las normas que regían una casa convencional para poder apreciar hasta qué punto el estudio del artista, tal y como se representa en la narrativa del XIX, es un espacio de reinvención, seguridad y cambios. En segundo lugar, es de especial interés considerar el funcionamiento de un estudio artístico real para poder saber si las ideas de los escritores que se analizan en este volumen tenían una base real, es decir, para entender cómo el estudio del artista desafiaba también en la realidad las normas de habitabilidad convencionales y cómo, por tanto, pudo convertirse en un espacio literario fructífero para aquellos autores que quisiesen desafiar lo normativo. Por último, se prestará también atención a cómo la forma de narrar estos espacios intersecciona con diversas corrientes filosóficas y críticas que nos permitirán, en los capítulos de análisis, contemplar en su plenitud la eficacia y el poder de su representación para transgredir las convenciones y cuestionar los sistemas hegemónicos sociales y culturales. Por tanto, este capítulo tratará de responder tres preguntas claves: ¿qué representaba una casa en el siglo XIX?, ¿cómo eran los estudios artísticos distintos a otros tipos de habitaciones o de casas?, y, aún más importante, ¿cómo usaban los autores del XIX estos espacios para cuestionar el *statu quo* de su sociedad? Para responder a la primera pregunta pensemos, por tanto, a qué se refiere Virginia Woolf, dentro del contexto doméstico del siglo XIX, cuando dice que «hay que tener quinientas libras al año y una habitación con un pestillo en la puerta si se quiere crear arte» (2022: 141).

1.1. La casa decimonónica: estructura y simbolismo

Empecemos esta sección con otra cita de Bachelard, quien –en un esfuerzo por plasmar el valor simbólico que las casas tienen en la psique humana– dice lo siguiente: «las expresiones *leer una casa* y *leer una habitación* tienen sentido, puesto que habitación y casa son diagramas de psicología que guían a los escritores y a los poetas en el análisis de la intimidad» (1975: 70). En otras palabras, Bachelard sugiere que es posible interpretar una casa o una habitación como un espacio simbólico porque, de una forma u otra, la casa tiene tal impacto en nuestra formación que los escritores y los poetas pueden, a través de los símbolos que ofrecen (recordemos: la cocina como espacio doméstico, o el sótano como espacio terrorífico), crear textos en los que se reflejen claramente ciertos aspectos de la intimidad humana entre aquellos que conviven. Así, por ejemplo, el poder de la cocina en un cuento popular, como es la versión de los hermanos Grimm de *Cenicienta* (1812), consiste en transmitir el maltrato doméstico en el que vive sumida la protagonista, su desplazamiento de la intimidad familiar y su posicionamiento forzoso al papel de esclava doméstica. Por otro lado, esto contrasta con el papel de la cocina como un lugar seguro, de reunión y de apoyo, tal y como se ve reflejada en, por ejemplo, la novela *Como agua para chocolate* (1989), de la escritora mexicana Laura Esquivel. Pero es importante, no obstante, tener en cuenta que estos diagramas de psicología van mucho más allá de la intimidad entre los habitantes de una misma morada. Y es que, además de producir útiles diagramas sociales entre los miembros de una misma familia, la *lectura* de una casa o de una habitación puede ofrecer, tanto a escritores como a cualquier observador interesado, un acertado esquema de otras preocupaciones y ansiedades relacionadas con la época en la que nos situemos. Como evidencia de esta idea, basta con producir un análisis detallado de la casa decimonónica.

En los siglos inmediatamente anteriores al XIX, la casa aún se consideraba un espacio semipúblico, un lugar donde llevar a cabo negocios e, incluso en las más ricas, en el que fabricar intrigas y conseguir influencias políticas. Como Beatriz Blasco indica, refiriéndose a las moradas de clase alta de los siglos XVI, XVII y XVIII: «[l]a primera imagen de la casa es también la primera imagen de su dueño, así que debía cuidarse para poner de manifiesto su dignidad y su estatus, aparentando a veces un esplendor que se contradecía en las áreas interiores de acceso restringido» (2006: 51).

De este modo, puede afirmarse que las casas estaban tan destinadas a reflejar la vida social de sus dueños como a proporcionar el confort y las comodidades usualmente relacionadas con la vivienda. Por otro lado, Blasco afirma que la casa de la época moderna, en su rol como espacio público, era también «reflejo de la sociedad, [ya que] mantiene la férrea estructura del Estado absoluto e impone a sus miembros una jerarquía estamental» (2006: 55). No obstante, la idea de vivienda que Blasco expone comenzó, a pesar de haberse mantenido casi estática durante tres siglos, a cambiar y a evolucionar con la llegada del siglo XIX, prestándose aún más que en siglos anteriores a reflejar los esquemas psicológicos y sociales de su cultura.

Así, Carmen Giménez Serrano hace énfasis en el hecho de que «[l]a arquitectura doméstica fue cobrando a lo largo del siglo XIX un protagonismo muy relevante, pues en ella transcurría la vida familiar, verdadera célula de la sociedad» (2006: 11). En otras palabras, la casa mantuvo durante el siglo XIX parte de su capacidad para reflejar el sistema social imperante, como ya pasaba en las casas de jerarquía estamental de los siglos anteriores, pero, a diferencia de estas, ahora la casa deja a un lado su faceta pública para convertirse en un entorno puramente privado: «[l]a idea fundamental [de la casa decimonónica] fue el sentido de lo privado. El valor de lo privado tal y como lo entendemos hoy no cobrará importancia real hasta el siglo XIX» (2006: 11). El hogar se convierte, pues, en una especie de *sancta sanctorum* ideal en el que el individuo de la época puede encontrar refugio ante las crecientes presiones de una sociedad en continuo cambio industrial, económico, político y social. Al mismo tiempo, la casa se entiende como un proyecto de estado en miniatura que refleja el funcionamiento de la sociedad: es decir, ha de existir una clara cabeza de estado con sus correspondientes espacios y sus respectivos súbditos de distinta importancia, con sus espacios asignados e inmutables también. En resumen, y como Giménez establece, «[e]l discurso de lo doméstico, en toda Europa, se apoya en la trascendencia moral y política que adquiere la casa. Escaparate y espejo de la vida familiar, se convierte en pieza clave del orden y la estabilidad social» (2006: 13).

Sin embargo, ¿cómo puede la vivienda adquirir tanta importancia en términos de orden y estabilidad social?

Está claro que la clave para entender esta importancia reside en la consideración previamente establecida por la cual se ha de entender el hogar decimonónico ideal como el resultado directo de una jerarquía social que divide y separa a sus distintos habitantes en categorías que reflejan, de un modo u otro, los mismos patrones que se daban a nivel sociopolítico. De esta forma, el *paterfamilias*, el hombre –ya sea padre, hermano, esposo o hijo– que se dedica a sostener económicamente el hogar, se convierte en el cabeza de familia, en la persona que, siguiendo el esquema anterior, constituiría el jefe de Estado de la vivienda y que ha de reflejar, por tanto, las cualidades de un jefe de Estado real: debe establecer el orden mediante la imposición de normas en obediencia a las normativas sociales de la época, controlar los presupuestos, mantener el estatus de la familia y conservar y agrandar la fortuna familiar. Las mujeres –madres, hermanas, esposas e hijas– adquieren, pues, el lugar de subalternas en esta jerarquía claramente sexualizada, siendo sus responsabilidades mayormente las de mantener la casa presentable, decorada, cuidar de los miembros considerados como más débiles por la familia y proporcionar al *paterfamilias* una casa que siga sus designios y en la que todo se ajuste a sus funciones como jefe de Estado. Además, y dependiendo, principalmente, de la clase social de la familia en cuestión, las mujeres también quedarían a cargo de la limpieza, de seguir a rajatabla los presupuestos domésticos aprobados por el marido, de vigilar y controlar al servicio doméstico y, por supuesto, de proporcionar entretenimientos diversos en concordancia con su círculo social que, además, reflejen de manera positiva en el estatus social del *paterfamilias*. En otras palabras, «[l]a masculinidad [tradicional decimonónica dentro del hogar] se basaba en la capacidad para mantener a la familia, mientras que la feminidad de la mujer y las hijas radicaba en depender del hombre y marido o padre» (Giménez, 2006: 11). Por supuesto, por debajo de las mujeres de la casa se encuentran otros muchos *subalternos* domésticos: los niños, las institutrices, el servicio (sobre el que, en el caso de las familias más adineradas, el mayordomo ejerce el control con la ayuda del ama de llaves, en una suerte de imitación-de-la-imitación del Estado que la familia ya es de por sí) y, de una forma u otra, todos los miembros de la familia que no pueden mantenerse y dependen directa o indirectamente de la caridad del *paterfamilias*. De esta forma, no es difícil entender que una casa bien regulada (en términos, por supuesto, puramente decimonónicos) funciona como una metáfora perfecta del Estado ideal.

Lo más interesante de esta jerarquización para los propósitos de este estudio, no obstante, es que cada uno de los miembros de este orden doméstico dispone de un espacio marcado y delineado en el que se espera que se desarrollen unas ciertas funciones que, al igual que la propia jerarquía, están claramente divididos por género. Volviendo a citar a Giménez: «en la casa decimonónica, cada habitación está destinada a una función estricta, y este destino no se puede cambiar» (2006: 12). Así, dentro del pequeño mundo privado que es el hogar decimonónico, ese cosmos que trata de absorber y replicar las cualidades de los Estados de la época, se encuentran pequeños microcosmos que definen, influencian y condicionan el uso de cada estancia o espacio. Y, a su vez, esta división de espacios refuerza los ideales sociales que guían a la sociedad y, más específicamente, aquellos relacionados con la labor de la mujer, la del hombre y lo que se considera apropiado o no, marcando claras delimitaciones sociales y culturales dentro de dichos espacios tan estrictas como las del uso real de cada habitación.

Los espacios principales asociados al uso de la mujer son, pues, aquellos tales como la cocina, el salón –o *drawing room* en inglés– y el *boudoir*. Dependiendo, una vez más, de la clase social de los habitantes de la casa, cada uno de estos espacios cobrará mayor o menor importancia en la vida de las mujeres decimonónicas, pero, en cualquier caso, está claro que todos ellos tienen una función adscrita clara y delimitada. No creo que sea necesario entrar en una descripción pormenorizada de cada uno de los usos de estas habitaciones, pero sí creo que puede ser útil entender cómo reflejan, a menor escala, la propia sociedad decimonónica y la estructura jerarquizada de la casa de forma práctica. En el caso de la cocina, por ejemplo, la mujer ejerce el control sobre el régimen culinario de la familia, ya sea de forma directa, en el caso de las familias más humildes, o a través de dirigir al servicio doméstico sin necesidad de hacer acto de presencia en la cocina de por sí. En cualquier caso, es curioso notar cómo la presencia de la mujer en la cocina mantiene una constante no solo en los estudios sociológicos, sino también en los literarios. Las otras dos habitaciones que representarían el espacio femenino en la casa decimonónica –el salón y el *boudoir*– son espacios definidos, principalmente, por sus cualidades decorativas. La mujer que preside un salón, ya sea socialmente o en la intimidad del núcleo familiar, debe, según la concepción de la época, tratar de asegurar que sus huéspedes o familiares se sientan cómodos, rodeados de cosas estéticamente bellas, y atender, bien de forma personal, bien a través del servicio doméstico, sus peticiones.

En el caso de que el *paterfamilias* sea una figura política o de alto *standing* social, el rol de la mujer en el salón se complica, dado que esta actúa como una suerte de lugarteniente que busca el bienestar de su marido, labrando conexiones sociales con otras mujeres que puedan, a su vez, influenciar a sus propios maridos, padres, hermanos o hijos. En cualquier caso, queda claro que el poder de la mujer está en todo momento sujeto al del *paterfamilias*, y sus funciones buscan, de una forma u otra, servirle, ya sea en la intimidad familiar o en sus maquinaciones sociopolíticas. El *boudoir*, por otro lado, es un espacio de funciones múltiples y difíciles de definir, pero no por ello están sus límites menos marcados. Puramente femenino, este lugar de la casa (y, en concreto, de las casas más pudientes) es una especie de santuario para la mujer en el que puede retirarse para considerar sus vestidos, sus peinados y sus accesorios (que, normalmente, suelen estar guardados en esta parte de la casa), y también donde puede recibir en *deshabillé* a sus amistades más cercanas, especialmente a las femeninas.

Puede decirse, por tanto, que estos tres espacios, aunque sometidos a la influencia del cabeza de familia, son aquellos en los que la mujer de la casa puede ejercer una mayor libertad de forma individual. Las estrictas definiciones de la época enmarcan estos espacios como lugares puramente femeninos, en los que, por tanto, temas como el trabajo, el dinero, o la política no deben ser tratados abiertamente. Teniendo en cuenta la forma en la que el ideal victoriano del *Angel in the House* logró adentrarse en buena parte de la cultura occidental decimonónica, podría decirse que estos espacios representan la esfera íntima o privada que esta categórica definición le asigna a las mujeres.[2] En la casa, así como en la sociedad a mayor escala –pues recordemos que, de acuerdo con Bachelard (1975: 34) y con Giménez (2006: 11), la casa no es sino un microcosmos, un reflejo a escala celular de la sociedad–, este rol de la mujer tiene un peso cultural significativo y transgredirlo, romper el espacio que se le ha asignado, ya sea de forma física o social, supondría una grave ruptura de las normas heteropatriarcales que regían la sociedad del siglo XIX en Occidente.

Los espacios masculinos de la vivienda, por otro lado, y tal y como puede deducirse en los párrafos anteriores, cumplen una función muy distinta a la de los espacios femeninos. De acuerdo con Mark Girouard y su brillante estudio sobre las casas señoriales de campo de la Inglaterra victoriana, la casa adquirió, a lo largo del siglo XIX, una serie de espacios puramente masculinos que fueron cobrando más y más importancia a lo largo de las décadas: «Una cualidad curiosa de las casas victorianas es su creciente y sacrosanto interés en los dominios puramente masculinos», cuyo núcleo era, sin duda, *the billiard room* o la habitación del billar (1990: 34-5).[3] La aparición y el uso de una habitación en la que jugar al billar pueden parecer

---

[2] *Ángel en la casa*, en el inglés original. Este término, acuñado por el poeta británico Coventry Patmore en su poema narrativo homónimo publicado entre 1854 y 1862, fue tomado como referencia para definir el ideal de mujer decimonónica y establecer su subyugación, representada también en la división de espacios domésticos, a su marido: «Man must be pleased; but him to please / Is woman's pleasure» (Patmore, 2019).

[3] «One curious feature of Victorian houses is the increasingly large and sacrosanct male domain».

meros caprichos burgueses o incluso banalidades de una clase media-alta ociosa, pero, de acuerdo con Girouard, la aparición de este «dominio puramente masculino» podría ocultar otras razones más dignas de consideración:

> Ostensiblemente [la aparición de la *billiard room*] se debía a que el ruido de los billares podía resultar inconveniente para el resto de habitantes de la casa; pero sospechamos que tiene más que ver con el hecho de que el hombre deseaba un *sanctum* al que retirarse [...] si la «billiard room» estaba, además, cerca del estudio o habitación de negocios con un retrete o baño adjuntos, encontramos los fundamentos de un cómodo y modesto territorio puramente masculino [en el que, además] la habitación de fumar o «smoking room» se haría cada vez más y más común (1990: 35).[4]

Girouard menciona también, no obstante, otro espacio puramente masculino al que también debemos prestar, evidentemente, especial atención: el estudio.

Alicia Cámara, en este caso, indica que «las habitaciones del uso del padre de familia son las más públicas, siendo más íntimas las de la mujer» (2006: 169). Y esto es cierto no solo porque, como hemos visto con anterioridad, la esfera espacial de la mujer dentro de la vivienda se resumía en estancias donde proveer confort y cuidados para la

---

[4] «Ostensibly this was because the noise of billiards was a bore to the rest of the house; but one suspects it was as much because the men liked a sanctum to retire to [...] If the billiard room was placed next to the owner's study or business room with a w.c. and wash basin adjacent, one had the makings of a comfortable little male territory [...] the smoking room was to become steadily less occasional».

familia y su estatus social, sino también en el hecho de que, además de la compañía masculina que se espera dentro de las *billiard rooms* y *smoking rooms* (espacios normalmente cerrados a las mujeres), los temas de conversación que se tratarán en estas estancias podían incluir aquellos que se veían automáticamente desterrados de las habitaciones femeninas. Los hombres reunidos en estos espacios podían comentar temas políticos, económicos e incluso «inmorales» con la certeza de que sus palabras no podían «contaminar» la figura del ángel en el hogar y sus espacios íntimos. En otras palabras, esto supone que los entresijos y escándalos –ya sean financieros o sexuales– de la esfera social pública solo podían ser tratados en estos espacios masculinos. Pero, como se ha dicho con anterioridad, esto se ve aún más claro cuando prestamos atención al estudio o despacho. Como especifica Giménez: «En el hogar decimonónico el espacio masculino por excelencia era el despacho. Lugar de trabajo, imagen de la laboriosidad de su dueño, allí está concentrada la fuerza vital de la familia desde el punto de vista económico» (2006: 45). En el despacho o estudio encontramos la habitación desde la que el *paterfamilias* recibe a sus amigos o compañeros de negocio, donde traba las conexiones financieras de la familia y donde trata todos los asuntos pertinentes a su trabajo y al honor familiar. Además, el despacho sigue siendo un vestigio de la casa de siglos anteriores que, como se ha indicado con anterioridad, estaba más pensada como una extensión del espacio público que como un espacio privado: «En la habitación del hombre, llámese despacho o gabinete, era donde estaban la mayoría de los libros, y esa librería, más grande o más pequeña dependiendo de la cultura del dueño, es uno de los indicadores más fiables del verdadero estatus social de una familia» (Cámara, 2006: 170).

Aunque, por supuesto, este tipo de estancia solo podía existir en familias de clases adineradas, puesto que el hombre de clase trabajadora realizaría esta misma actividad en su puesto de trabajo, fuera del hogar, en la esfera pública literalmente. El estudio supone, pues, una ruptura entre los límites íntimos del hogar decimonónico y lo público en tanto que supone una puerta de entrada de lo público a lo privado.

El estudio es además de especial interés para esta investigación porque, si bien la forma en la que se concibe normalmente en la casa decimonónica como espacio de trabajo masculino relacionado con las finanzas, la política o la gestión de tierras, este espacio también se convertirá en el lugar de trabajo de aquellos individuos que dediquen sus esfuerzos a cualquier tipo de profesión artística. Poco a poco, de hecho, y tal y como demuestra Girouard, el arte comenzó a impregnar de forma inexorable el propio concepto de hogar decimonónico. Poco a poco, una nueva corriente de arquitectura autodenominada *artística* buscaba, con el apoyo de artistas plásticos de otras disciplinas y con la ayuda financiera de aquellas personas adineradas con aspiraciones o intereses artísticos, crear casas que integrasen los parámetros descritos con anterioridad con un «ensalzamiento de la conciencia visual» de los habitantes de una casa, considerando que lo estético y lo bello eran conceptos tan importantes como cualquier otro aspecto de la vida en familia (1990: 68).[5] Conforme el arte iba

---

[5] «Heightened visual awareness […]».

integrándose en la conciencia popular como un aspecto importante de la vivienda, los estudios que sirven a su vez como espacio de trabajo para artistas aumentaron, ya que esta integración supuso un correspondiente crecimiento en las aspiraciones artísticas en las clases medias y altas de la sociedad decimonónica.

El propio término *estudio*, además, es especialmente interesante en un contexto doméstico cuando consideramos su origen semántico. De acuerdo con James Hall:

> El término italiano *studio* –inicialmente llamado *studietto* y *studium*– aparece por primera vez en la Padua del siglo XV. Se trataba del equivalente artístico del gabinete o despacho del intelectual, también llamado *studiolo*: una habitación privada donde el artista trabajaba a pequeña escala dibujaba, moldeaba en cera y cerámica, guardaba su colección de dibujos y de escayolas y dónde leía, escribía y pensaba (2022: 10).

La propia naturaleza ecléctica de su origen semántico indica que la palabra *estudio*, en su acepción tanto decimonónica como contemporánea, puede implicar una gran variedad de diversas actividades que, de una forma u otra, representan las muchas posibilidades reales y metafóricas que este espacio ofrece:

> La inestabilidad semántica y la imprecisión del término «estudio» reflejan el hecho de que el lugar de trabajo de un artista es una entidad porosa y perpetuamente cambiante que existe en una relación simbiótica con otros espacios tales como los talleres artesanales, las celdas de los monjes, el despacho de un académico y otros espacios interiores y exteriores (Hall, 2022: 10).

En otras palabras, podemos decir que el estudio es difícil de definir porque dentro del espacio que designamos como tal hay cabida para un gran número de actividades que, por tanto, desafían la idea de que en el hogar del siglo XIX cada estancia estaba forzosamente relegada a una única función. El estudio, en virtud de las muchas actividades que puede acoger, se convierte, pues, por sí mismo, en un espacio singular que propicia, por su naturaleza, la transgresión de lo que parece estar socialmente marcado y delimitado.

No obstante, estos espacios, por mucho que difieran en parte de las directrices prototípicas del hogar decimonónico, seguían estando casi exclusivamente ligados a los esquemas patriarcales explicados con anterioridad y continuaban obedeciendo a la estricta división por géneros de la casa del siglo XIX. Podemos decir, por lo tanto, que la casa de la época estaba estructurada de tal forma que simbolizaba de un modo material ciertos aspectos clave de la sociedad victoriana, a saber:

- El papel de la mujer como restrictivo y relegado a la esfera de lo privado, a lo íntimo, al hogar. Las mujeres, al igual que los espacios femeninos de la casa, debían servir al hombre, facilitar su vida y «embellecerla» sin tener en cuenta sus posibles intereses de cara al mundo público.
- El papel del hombre como ente poderoso, representante del poder y de la libertad que les eran sistemáticamente negadas a las mujeres que se criaban y educaban dentro de los códigos éticos y morales dominantes de la época. Sus espacios representan su habilidad para traspasar la barrera entre lo privado

y lo público, teniendo, así, habitaciones en las que ejercer su función dentro de la esfera pública y habitaciones en las que la mujer debía atender sus caprichos y necesidades.

• La casi infranqueable barrera que separa ambos mundos y el estricto binarismo de géneros y roles que regían la sociedad decimonónica. Las divisiones del hogar vienen a representar las mismas fracturas establecidas en la sociedad y una ruptura de estas, por tanto, equivaldría a un «fallo» doméstico grave, ya que reflejaría, a mayor escala, un «fallo» en los valores culturales y sociales hegemónicos de la época.

Estas consideraciones, además, pueden verse claramente reflejadas en la literatura de la época, que debe ser examinada para entender hasta qué punto la forma de utilizar el estudio en las obras que se van a explorar más adelante es revolucionaria tanto narrativa como socialmente.

Así, por ejemplo, Teresa Prieto y Paulino Martín indican lo siguiente en referencia a la productiva relación entre lo literario y lo doméstico en la época: «[E]n el siglo XIX el protagonismo de la vivienda en la literatura llega a su punto más alto. Los sentimientos y las actitudes que los personajes tienen respecto a sus casas no son un dato más, sino que pueden ser el rasgo definitorio de su carácter y de su actitud política y social» (2006: 244).

Y, más explícitamente, toman como referente la obra del madrileño Benito Pérez Galdós para establecer que en la literatura decimonónica:

La descripción del hogar […] es detallista y muy completa, imprescindible no sólo para situar a los personajes en el espacio; el recorrido por sus habitaciones y objetos dicen mucho de los lazos entablados entre sus habitantes y su relación con la casa nos da incluso claves que ayudan a conformar la psicología de los protagonistas. Asistimos a la definición de un prototipo literario del término «casa», una casa burguesa como elemento que define la totalidad de los individuos que la habitan (2006: 241).

Este «prototipo literario», como tan correctamente lo definen Prieto y Martín, es, de hecho, el reflejo en la literatura de los elementos sociales que componían el hogar como un espacio simbólico de la sociedad del XIX que se han comentado con anterioridad. Así, encontramos numerosos ejemplos en la literatura de la época en los que la vivienda marcará el carácter y la actitud de los personajes para decirnos si encajan o no con los ideales propios del período. Miss Havisham, en *Grandes esperanzas* (1861) de Charles Dickens, con su dilapidada y sucia casa, llena de muebles viejos y de telas ajadas, representa claramente el antideal de la feminidad victoriana: una mujer soltera y desencantada, pero adinerada y con una personalidad excéntrica. Lo mismo ocurre, por ejemplo, con Emma Bovary en *Madame Bovary* (1856) de Gustave Flaubert, quien, incapaz de adaptarse a las restrictivas normas de su círculo social y de la esfera privada, acaba viendo su casa como una suerte de cárcel. Por otro lado, la mujer «ideal» guarda una relación con su hogar que se guía estrictamente por los parámetros definidos con anterioridad, y en estas obras, tan abundantes en las letras inglesas, la casa consigue simbolizar todo aquello que se ha indicado más arriba: la férrea línea que divide la sociedad en géneros y en clases de personas. Podemos pensar, por ejemplo, en la novela *Norte y sur* (1855), de la escritora Elizabeth

Gaskell, en la que la protagonista, Margaret Hale, habita el espacio doméstico como una especie de, figuradamente, ángel que busca el confort de sus padres y que sacrifica sus propias ambiciones en pos de ser la hija y la hermana perfecta.[6] En la literatura rusa podemos encontrar este tipo de feminidad que se adapta a los espacios domésticos y a sus requerimientos en la figura de, por ejemplo, la princesa Kitty Aleksándrovna, en la novela de León Tolstoi *Anna Karénina* (1875-79). En esta obra maestra, Kitty aprende a conformarse a los roles de género que se esperan de las mujeres de la época tras su matrimonio con Kostya, cuya casa se convierte en un lugar más cómodo y similar al ideal burgués de lo doméstico gracias a su presencia.

Si he tomado como ejemplos principales personajes femeninos es porque, en general, los hombres de la literatura decimonónica suelen tener una relación más lineal con lo doméstico, puesto que, después de todo, lo que la casa les ofrece a estos personajes es mucho menos restrictivo. Así, no es extraño encontrar hombres en las páginas de las novelas del XIX cuyos éxitos o fracasos en la vida se ven reflejados por las casas que habitan. Tal y como Girouard indica refiriéndose a las aspiraciones domésticas del hombre burgués medio de la época:

[6] No es quizás sorprendente que sea en la Inglaterra victoriana, fuente, después de todo, del propio concepto de *Angel in the House*, donde más aparezca representada en la literatura este tipo de feminidad doméstica, que se adapta y perpetúa todos los roles exigidos por la sociedad hacia las mujeres. *Norte y sur* es tan solo un caso de los cientos que podrían darse, incluyendo a algunas de las protagonistas de *David Copperfield* (1849-50) y *Casa desolada* (1852-3) de Dickens, o a la totalidad de las heroínas de las novelas pseudomoralistas de la escritora Margaret Oliphant.

La casa de un caballero debe ser sustancial, seria y pre-
feriblemente construida en un estilo que se asocie con
lo tradicional y lo campestre. Debe ser dignificada, para
reflejar así el rango de su dueño, pero no ostentosa;
diseñada para la comodidad de la vida familiar y para
el entretenimiento de los amigos [...] Debe contar con
aposentos adecuados para el servicio. Debe proteger la
feminidad de la mujer y empoderar la masculinidad del
hombre (1990: 15-6).[7]

En otras palabras, para el hombre la casa es un auténtico refugio, un lugar enteramente a su disposición y
construido para «empoderarle» a él y para «proteger» a
las mujeres. No hace falta decir que el verbo *proteger*, en
ciertas circunstancias, puede llegar a ser muy similar a los
verbos *censurar*, *restringir* o, incluso, *encerrar*.

Todo lo anteriormente expuesto viene a demostrar la
férrea división del espacio doméstico, cómo dicha división
no es sino la demarcación en un espacio concreto de las
normas sociales prevalentes durante el siglo XIX, y cómo
la literatura –a escala internacional y durante todas las
décadas de la época– se hizo partícipe de este fenómeno,
representándolo e incluso jugando con él para definir
la personalidad de ciertos personajes. Recordemos, no
obstante, lo que con anterioridad comentábamos con
respecto al gabinete, despacho o, mejor aún, estudio. Esta

---

[7] «A gentleman's house should be substantial, serious and prefera-
bly in a style associated with the traditions of English country life. It
should be dignified, as was suitable for the rank of its owner, but not
ostentatious; designed for family life and the entertainment of friends
[...] It should provide decent quarters for servants. It should protect
the womanliness of women and encourage the manliness of men».

habitación, asociada directamente con lo masculino, es la única que permitía que lo público –el mundo de los negocios, del dinero, de la política– entrase de forma directa en un espacio que, de otra forma, debía ser considerado como privado. Por esta característica, ya de por sí es un espacio que merece la pena estudiar atentamente, pero, como veremos a continuación, el estudio, cuando es artístico, cuando es el espacio en el que un artista o artesano ejerce sus talentos, se vuelve incluso más fronterizo, más permeable a que lo público y lo privado, lo masculino y lo femenino (tan firmemente separados convencionalmente) se mezclen, interactúen y se descubran nuevas posibilidades domésticas que, a su vez, permiten contemplar nuevas realidades sociales o culturales. Esto se entiende mejor, quizás, tras contemplar cómo el estudio de un artista puede llegar a cambiar radicalmente el esquema doméstico del que hemos venido hablando en las páginas anteriores.

1.2. El estudio del artista: un caso real

En el londinense y prestigioso barrio de Kensington –vecindario de las clases altas de la Inglaterra victoriana– se encuentra, perfectamente conservado, uno de los estudios artísticos más relevantes para la historia del arte británico. Se trata de la casa-estudio del pintor y (en menor medida) escultor Frederic Leighton (1830-1896). En este caso en particular, es prácticamente imposible delimitar dónde empieza la vivienda privada, doméstica y sacrosanta del ideario decimonónico, y dónde el estudio, tienda, taller o galería, espacios propios de la esfera pública. La casa fue ideada por Leighton precisamente para cumplir este cometido, para que sus visitantes pudiesen admirar su arte y sus colecciones, lo que le permitía adoptar a la vez, y según su conveniencia, el papel de artista profesional o de anfitrión cordial, según las circunstancias. Así, las estancias normalmente reservadas para un uso privado, tales como el salón –o, en este caso, *drawing room*–, los pasillos, la gran escalera e incluso las estancias de reposo más sencillas estaban estratégicamente diseñadas para que los visitantes no olvidasen en ningún momento que se encontraban en la casa de uno de los más populares artistas del fin de siglo inglés. La casa-estudio de Leighton cumple hoy en día la misión de museo, por lo que es posible visitarla y observarla tal y como la ideó originalmente su dueño.

Así, en la guía oficial del museo, comisionada por el Heritage Fund británico y por el Royal Borough of Kensington and Chelsea, se hace hincapié al visitante contemporáneo en que esta casa en cuestión puede entenderse como una especie de excepción a las normas que regían la domesticidad victoriana, siendo, a la vez, privada y pública:

> Aquellos que fuesen a visitar a Leighton, a posar para que les pintase su retrato o a comisionar un cuadro, debían pasar por [las áreas privadas] de la casa en su paso hacia el estudio, donde el pintor tenía por costumbre recibir a las visitas. La escalera [y los pasillos], por tanto, no eran más que una ocasión perfecta para que Leighton mostrase su colección y su visión personal de cómo debía ser su domicilio (2023).[8]

---

[8] «Visitors coming to call on Leighton, sit for their portrait or commission a painting would pass through here on the way to the Studio where he would receive them. The staircase therefore provided

Además, Leighton conscientemente, y en pos siempre de promocionar su arte, rompió una de las reglas de oro de la vivienda decimonónica. Si bien Giménez declara que «en la casa decimonónica, cada habitación está destinada a una función estricta, y este destino no se puede cambiar» (2006: 12) –una afirmación que, como hemos visto con anterioridad, se encuentra respaldada claramente por la sociología y por múltiples ejemplos literarios–, Leighton consiguió romper este destino al hacer de su salón un mero lugar de paso y trasladar las funciones que normalmente este espacio cumplía a su estudio en sí: «Tradicionalmente el salón era, en los hogares victorianos, el principal espacio de recepción, pero en la casa de un artista esta función podía ser acometida por el estudio» (2023).[9] Esta inversión de las reglas es, cuando menos, curiosa. En primer lugar, pone de manifiesto que los espacios artísticos gozaban de mayor libertad para escapar los esquemas domésticos victorianos, y enfatiza cómo el estricto binarismo entre lo privado y lo público impuesto en los hogares –y, de hecho, en la sociedad– decimonónicos podían ser cues-tionados, manipulados e incluso ignorados, hasta llegar a producir nuevas combinaciones que eran, como sin duda fue el caso para Leighton, de gran provecho para aquellos que se atrevían a llevarlas a cabo. En segundo lugar, esta inversión nos llama a buscar en la literatura más ejemplos

---

an opportunity to showcase Leighton's collection and his unique vision for his home».

   [9] «Typically, in Victorian homes the Drawing Room was the principal reception space, but in an artist's house this role was taken by the studio».

que reflejen hasta qué punto los escritores de la época eran conscientes de sus potenciales ventajas para, de forma sucinta, criticar o poner en duda la sociedad de su siglo, misión que este volumen, en su integridad, y como ya se ha indicado antes, pretende cumplir. Después de todo, una breve descripción del *modus operandi* doméstico de Leighton es suficiente para que nos demos cuenta de que un estudio artístico es, sin duda, un espacio que no se ajusta fácilmente a ningún tipo de norma tradicional:

> [Leighton] pretendía que la experiencia de entrar a su estudio fuese tanto fascinante como memorable –una especie de clímax que culminase la contemplación de las estancias previas. El estudio era a la vez una galería y un espacio de trabajo plenamente funcional, en el que se produjeron prácticamente todos los cuadros pertenecientes al período de madurez de Leighton. Abigarrados montones de bellos objetos llenaban la habitación, proveyendo, de este modo, inspiración para la visión artística del pintor. A la izquierda del escenario [dónde posaban los y las modelos] [...] se encuentra una pequeña puerta que da pie a una estancia trasera para uso de los modelos del pintor, donde, además, había una pequeña chimenea para que estos pudiesen cambiarse y entrar en calor entre poses. Cada primavera, algunos de los músicos más prominentes del período [...] actuaban en el estudio de Leighton para un selecto grupo de sus amigos más íntimos (2023).[10]

---

[10] «The experience of entering the Studio was intended to be an impressive and memorable moment –a climax to what had gone before. This was both a show room and a functional workspace, where

Tenemos así, por lo tanto, un espacio ecléctico en el que se mezclan el trabajo, los clientes, los modelos –con todas las implicaciones sociales que esta profesión acarreaba en la época–, «abigarrados montones» de objetos puramente estéticos de diversas culturas, amigos íntimos y celebridades musicales del momento mezclándose e interactuando en una habitación que, de por sí, se escapa de todas las normas explicadas en la primera sección de este capítulo. Como comenta Christopher Reed, y en concordancia con las ideas de Bauchelard, se puede leer en el espacio que constituye la casa-estudio de Leighton un esquema de su propia psique interior (2018): la lucha por definirse como artista y por mostrar su talento le lleva, sin duda, a demoler las férreas líneas divisoras entre espacios privados y públicos de la sociedad victoriana. Además, Mary Roberts, en su ensayo sobre el *Arab Hall*, una de las habitaciones que constituyen la casa de Leighton y que fue diseñada por este mismo y por uno de sus más famosos contemporáneos, el diseñador Evelyn de Morgan, reincide en lo excepcionalmente distinto que esta casa-estudio es en comparación con el resto de espacios domésticos de la época (2018). Así, Roberts indica que esta habitación, decorada en su totalidad con motivos arabescos y con azulejos importados de Marruecos y otras zonas de África, y

---

virtually all the paintings of Leighton's mature career were produced. Dense groupings of beautiful objects filled the room, providing inspiration for the painter's eye. To the left of the stage […] a small door from the backstairs for the use of Leighton's models and a fireplace where they could change and warm themselves between poses. Every spring, some of the most prominent international musicians of the day […] performed in the studio for a select group of Leighton's friends».

pensada para el deleite estético de los clientes y amigos del pintor, encarna fielmente algunas de sus preocupaciones psicológicas más evidentes:

> El «Arab Hall» era un experimento [en el que Leighton] trató de sintetizar una serie de impulsos dispares: entre la idea de que el arte por sí misma puede constituir un refugio del mundo y de la materialidad cosmopolita, entre la lucha de lo externo y lo interno, y entre la obsesión historicista del coleccionista por integrar el arte islámico en la sociedad británica contemporánea (2018).[11]

En otras palabras, Roberts defiende la idea de que esta habitación muestra claramente, por su propia incapacidad para encajar en los esquemas domésticos típicos de la Inglaterra victoriana, cómo el estudio de un artista está a medio camino entre lo privado y lo público, es decir, su existencia como un espacio en el que los límites entre lo aceptable y lo prohibido se mezclan y pierden su definición. A fin de cuentas, el *Arab Hall*, así como el estudio en sí, son habitáculos que permiten que los amigos y la familia se codeen con los clientes y el público, rompiendo así la dicotomía decimonónica que regía el espacio doméstico. Podría llegar a decirse, incluso, que la casa-estudio de un artista del calibre de Leighton actuaba más como museo público que como vivienda privada (Hall, 2022: 14). Como

---

[11] «The Arab Hall was an experiment in synthesising disparate impulses: between art for art's sake as a withdrawal from the world and cosmopolitan worldliness; between interiority and exteriority; between the collector's historicist impulse towards Islamic art and its synthesis into contemporary British practice».

bien indica Roberts, el estudio del artista, después de todo, se encuentra siempre en una relación de continuo cambio con la cultura de su contexto (2018) y, por ende, el pensamiento del artista –figura principal que diseña, habita y configura este espacio– debe considerarse también como una entidad cambiante que es capaz de desafiar las leyes de lo convencional para poder expresarse de una forma satisfactoria.

Podría decirse, de hecho, que la propia naturaleza de las labores que realiza un artista, como se verá en los siguientes capítulos, implica casi necesariamente que sus ideas y pensamientos pongan en entredicho la cultura de su época –o, al menos, así parece ser en el caso de los artistas decimonónicos que, de una forma u otra, han trascendido en importancia y relevancia cultural a los demás–. En el caso propio de Leighton, podemos pensar, por ejemplo, en cómo su estudio provee un espacio en el que celebridades de su época, clientes de clase alta e incluso los visitantes curiosos por contemplar sus obras y su colección se codean, como se ha indicado antes, con sus modelos. De acuerdo con uno de sus primeros biógrafos, Leighton acostumbraba a tener siempre modelos, mayormente femeninos, a su disposición, esperando a ser retratadas en diversas poses y situaciones históricas:

> Aquellos que visitaban el estudio [de Leighton] siempre quedaban impresionados por las actitudes de sus modelos, que solían posar en una superficie a los pies de una gran ventana. Los modelos que más llamaban la atención era un grupo de tres doncellas cantarinas que figuran en su obra *Las Dafneforias* […] Leighton hacía que estos

modelos se vistiesen con telas húmedas de una textura exquisita (Rhys, 2009: 68).[12]

Este pasaje, que podría resultar meramente anecdótico, adquiere una significación especial cuando consideramos el frágil estatus social que se les daba a las modelos durante el siglo XIX, especialmente en la época victoriana. De acuerdo con la Royal Academy inglesa, las mujeres modelo eran asociadas con la falta de moralidad y la promiscuidad, incluso cuando posaban vestidas (*The Sleeping Model*).

Podemos incluso llegar a afirmar, en otras palabras, que la posición social de las modelos profesionales en el siglo XIX estaba más cerca de la posición de la prostituta o de la actriz que de cualquier otra posición social que fuese considerada como aceptable en la cultura de la época. En el estudio del artista, tal y como el ejemplo de Leighton ilustra, no obstante, las modelos pasan a ser admiradas, aceptadas incluso, rompiendo así el rol que se espera de una mujer del período en un espacio doméstico. La modelo, por alejada que estuviese en la mentalidad colectiva de la idea del *Angel in the House*, encuentra su hueco y, en ocasiones, hasta su prestigio en la transigencia cultural y social implícita en el estudio artístico. En este espacio, los modelos relacionales masculinos y femeninos, que tan bien demarcados quedan en cualquier otro espacio doméstico decimonónico, parecen redefinirse y reajustarse a nuevas

---

[12] «Visitors to the studio in Holland Park Road, were always impressed by several of these models, which stood on a large chest in the bay of a great studio window. Especially noteworthy was a group of three singing maidens, who figure in *The Daphnephoria* [...] These models were made to be clad in wet drapery of exquisitely fine texture».

ideas, permitiendo así al artista explorar un mundo de posibilidades y una serie de expresiones de su pensamiento que estarían cerrados para otros individuos en diferentes profesiones. Después de todo, y tal y como indica Hall, el estudio de un artista es de suma importancia para que este pueda proyectar y articular su identidad estética y personal (2022: 105).

Esta posibilidad, esta apertura hacia nuevos modelos que distan de lo tradicional, no pasó, ni mucho menos, desapercibida ante los escritores de la época que, como veremos, la integraron en sus narrativas para poder, mediante la palabra escrita, explorar las mismas posibilidades y expresiones identitarias que se le permitían al artista de carne y hueso en su estudio. El estudio, ese espacio subversivo y a medio camino entre lo privado y lo público es, a fin de cuentas, el lugar perfecto desde el que articular cualquier tipo de disidencia hacia las normas establecidas de la sociedad y la cultura decimonónicas.

1.3. Un espacio liminal: nuevos puntos de vista

Llegamos a la conclusión, pues, de que el estudio es, intrínsecamente, un lugar abierto a transgredir con lo establecido. Ya en la primera sección de este capítulo remarcaba cómo incluso aquellos estudios –despachos o gabinetes– que no están consagrados al arte y al artista eran espacios excepcionales, en tanto que daban pie a que la esfera pública del trabajo entrase en contacto con la esfera privada de lo doméstico. Hemos visto en la segunda sección, además, que en cuanto que el estudio se convierte en el lugar donde el artista trabaja y recibe su naturaleza adquiere un tinte incluso más transgresor, ya que permite que las fronteras sociales y culturales se desdibujen y que distintos individuos, de distintos géneros, clases sociales y trasfondos culturales, se codeen entre sí de una forma que sería extremadamente difícil de replicar en cualquier otro espacio. Por todas estas consideraciones podemos decir que el estudio del artista es, primariamente, un espacio puramente liminal. Cabe preguntarse, no obstante, ¿qué es exactamente lo *liminal*? Y ¿cómo afecta este concepto a la forma en la que el estudio del artista ha sido representado en la literatura del siglo XIX?

Definir en términos absolutos lo liminal es, de por sí, una tarea ardua y prácticamente imposible, pero es conveniente, para los objetivos de este volumen, comprender de forma general su significado original. Una rápida consulta al *Diccionario de la Lengua Española* de la Real Academia de la Lengua Española nos dice que lo *liminal* (o *liminar* de acuerdo con la RAE, aunque la mayoría de críticos y filósofos emplean el término *liminal* quizás por su aproximación con la palabra inglesa, que se ha usado en una inmensa cantidad de estudios e investigaciones) es un adjetivo que indica aquello que es «[p]erteneciente o relativo al umbral o a la entrada» (*Liminar*), o en otras palabras, aquello que se encuentra en un estado de transición hacia otro espacio. La definición del *Cambridge Dictionary* arroja algo más de luz sobre este escurridizo y sugerente término, definiéndolo como un adjetivo que se aplica a aquello que está «[e]ntre o perteneciente a dos diferentes espacios, estados, etc.» (*Liminal*).[13] De estas dos definiciones podemos deducir

---

[13] «between or belonging to two different places, states, etc.».

que el término *liminal* se aplica a aquellas personas, cosas o lugares que están en estado de transición, que se encuentran entre dos realidades o en un estado intermedio entre distintas fases.

Intentemos, no obstante, bucear un poco más en el significado de este término con el fin de poder usarlo de una forma aún más específica. A pesar de que es muy común en círculos académicos que el significado del término *liminal* se dé por hecho y que, por tanto, no haya un gran número de definiciones con las que trabajarlo (Kovach, Kugele y Nünning, 2022: 1), conviene recordar que lo liminal fue originalmente definido y articulado por el antropólogo francoalemán Arnold van Gennep (1873-1957) en su obra de 1909 *Les Rites de Passage*. Para van Gennep, lo liminal es el estado intermedio representado en un rito de transición, es decir, aquellos estados en los que se encuentra un individuo, por ejemplo, entre la niñez y la adultez (especialmente en aquellas culturas en las que estos estados vienen marcados por alguna especie de ritual o celebración); entre la soltería y el matrimonio; o entre la última enfermedad y la muerte. Sería años más tarde, durante la década de 1960, cuando el antropólogo escocés Victor Turner rescataría el término (que hasta entonces había pasado más o menos desapercibido) y lo modernizaría al aplicarlo a la sociedad contemporánea. Pues mientras que van Gennep se centraba sobre todo en el folklore de ciertos clanes y tribus francesas de la antigüedad, Turner descubrió que los estados liminales seguían existiendo en nuestra sociedad, que lo intermedio entre dos estados distintos seguía siendo un concepto presente en nuestras vidas.

A partir de los estudios de Turner, numerosos investigadores han usado el término al analizar distintos fenómenos
culturales, sociales y literarios y, hoy en día, tras haber sido
readaptado, reacondicionado y usado en una miríada de
distintos contextos, y de acuerdo con Bjørn Thomassen,
podemos decir que lo liminal podría definirse tal que así:

> Lo liminal hace referencia a los momentos o períodos
> de transición durante los cuales los límites normales del
> pensamiento, el autoconocimiento y el comportamiento
> humano se relajan, dando pie a lo novedoso y a lo ima-
> ginativo, a la construcción y la destrucción [de barreras].
> Por estos motivos, el concepto de lo liminal tiene la
> capacidad de manipular y empujar las teorías sociales y
> políticas en nuevas direcciones [...] [T]rata [después de
> todo] con la forma en la que los seres humanos reaccionan
> al cambio (2014: 1).[14]

En otras palabras, lo liminal, el hecho de encontrarse
en un lugar intermedio entre dos realidades, momentos
vitales, o en el umbral entre dos estados, puede ser enor-
memente liberador porque da pie a que nos conozcamos
mejor, a que reexaminemos nuestras vidas y nos redefi-
namos en relación con nuestro pasado y con nuestro posible futuro. Por este motivo, los estados liminales suelen
producir cambios en la autopercepción de una persona,

---

[14] «Liminality refers to moments or periods of transition during
which the normal limits to thought, self-understanding and behavior
are relaxed, opening the way to novelty and imagination, construction
and destruction. For these reasons, the concept of liminality has the
potential to push social and political theory in new directions [...] it
is about how human beings experience and react to change».

mover sus afinidades sociales y políticas y constituir, en definitiva, un punto de inflexión vital. Thomassen, no obstante, también señala algunas partes negativas de lo liminal:

> Por otro lado, la liminalidad también implica un tipo de desorientación peculiar en la que nada importa, en la que las jerarquías y las normas tradicionales desaparecen, en la que los símbolos sagrados son ridiculizados, en la que la autoridad de cualquier tipo se cuestiona, se critica, se subvierte […] Nada importa en este estado y, paradójicamente, la importancia de las cosas se determina sobremanera también en él (2014: 1).[15]

Este comentario, no obstante, puede ser visto, en mi opinión, como otro efecto positivo de la liminalidad, más que como algo negativo. A fin de cuentas, un estado en el que las jerarquías, las normas tradicionales y la autoridad desaparecen o se cuestionan puede dar pie a un proceso de reflexión que nos ayude a entender mejor lo que queremos, lo que no nos gusta de la sociedad y, como el propio autor, de forma un tanto paradójica, comenta al final, podemos decir qué cosas son importantes y cuáles no para nosotros. Es por eso por lo que un estado liminal, un estado en el que lo establecido pierde su poderosa in-

---

[15] «On the other hand liminality also involves a peculiar kind of unsettling situation in which nothing really matters, in which hierarchies and standing norms disappear, in which sacred symbols are mocked at and ridiculed, in which authority in any form is questioned, taken apart and subverted […] Nothing really matters, and yet, deeply paradoxically, meaning often becomes over-determined».

fluencia y nos da la oportunidad de contemplar la realidad desde otros puntos de vista, puede ser tan útil y valioso. En la transición de la niñez a la adultez, por ejemplo, es cuando se forma gran parte de la identidad con la que viviremos nuestros días, y en los espacios, como el estudio del artista en el siglo XIX, que se encuentran en un estado intermedio entre lo público y lo privado, lo doméstico y lo extraño, lo aceptado y lo rechazado, también podemos observar cómo se generan nuevas formas de pensar que evaden, que contradicen o que cuestionan las jerarquías y normas tradicionales que no se aplican en dichos espacios por su propia liminalidad.

Siguiendo esta premisa, Jan H. F. Meyer y Ray Land han argumentado que «la liminalidad tiene la condición de ser transformativa; ya que puede dar lugar a un cambio de estado o de función» (2006: 22).[16] En el caso del estudio de Leighton, por ejemplo, queda claro que la liminalidad del propio espacio da pie a una transformación mediante la cual aquello que no encaja en un espacio doméstico se permite abiertamente (tal como la presencia de modelos o la apertura de la casa a los visitantes para que la contemplen como si de un museo se tratase). Además, también se da pie a un cambio de función, ya que las habitaciones que usualmente se usan para recibir quedan relegadas a un segundo plano y, en su lugar, el estudio en sí adquiere el papel de ser la habitación principal del entorno doméstico donde se llevan a cabo tanto los asuntos privados como los públicos. Queda más o menos claro, pues, que el estudio

---

[16] «The condition of liminality may be transformative in function; there may be a change of state or function».

del artista encaja de forma clara con las definiciones ofreci-
das hasta ahora sobre lo que constituye un estado liminal.
En resumen, podemos decir que la liminalidad no es más
que «un estado transformativo que apela a las certezas que
creemos establecidas y las vuelve problemáticas y fluidas»,
abiertas al cambio y a la modificación (Land, Rattray y
Vivian, 2014: 201).[17]

Podemos afirmar, pues, que cuando el estudio del artista
aparece reflejado en la literatura del siglo XIX actúa como
un espacio liminal con todas las implicaciones que este
tipo de espacio conlleva. Así, en algunos casos, el estudio
del artista sirve como el lugar en el que una mujer artista
analiza, deconstruye y se opone a los principios tradicionales que, supuestamente, deberían regir su vida, tal y
como sucede en *La inquilina de Wildfell Hall* de Brontë y
en *El fauno de mármol* de Hawthorne. En otros casos, el
estudio del artista se puede interpretar como el espacio
liminal en el que los modelos masculinos tradicionales y
la sexualidad masculina se abren a otras posibilidades y se
transforman, como ocurre en *La musa trágica* de James.
O, por otro lado, el estudio del artista plasma también el
estado liminal en el que viven los artistas finiseculares, su
frágil posición social, su manera de cuestionar, despreciar
y modificar la cultura de su época e incluso los efectos
que este desprecio acarrea en sus psiques, como puede
observarse magistralmente representado en *La obra* de
Zola o en *La quimera* de Pardo Bazán.

---

[17] «a transformative state that engages existing certainties and
renders them problematic and fluid».

Lo más interesante para este volumen es que, en cualquier caso, lo liminal no solo puede aplicarse a estados o períodos de tiempo en la vida de una persona, también puede aplicarse –como las consideraciones anteriores reflejan– a espacios físicos, ya sean reales o representados en la literatura o en otros medios artísticos. Y, en mi opinión, esta confluencia entre lo liminal y lo espacial merece una atención especial ya que en el caso, al menos, de la literatura decimonónica puede suponer una nueva forma de entender cómo ciertos autores se reorientaban hacia su propia vida por medio de la observación y la representación de estos espacios liminales.

Cuando hablamos de espacios y, sobre todo, de espacios que nos permiten adquirir nuevas orientaciones hacia la vida, nuevas formas de ver y pensar sobre lo que nos rodea y sobre lo que está a nuestro alcance y lo que no, es necesario considerar el papel que juega en nuestras vidas y en la sociedad el concepto filosófico de la fenomenología. Aunque el término *fenomenología* tiene un largo recorrido en la historia de la filosofía, aquí nos interesa su acepción moderna, que se ha venido desarrollando con base en el pensamiento del matemático y filósofo alemán Edmund Husserl (1859-1939) a partir de comienzos del siglo XX. Husserl, en resumen, atribuía a los objetos y a la realidad que nos rodea la capacidad de influir profundamente en nuestra percepción del mundo. Colocaba, así, al ser humano como una entidad que se define, se forma y piensa en relación siempre con aquello que le rodea. Aunque la premisa principal de la teoría fenomenológica de Husserl puede resultar compleja para aquellos que la desconocen, en esta sección se explora, con el fin de entender mejor la relación entre los espacios liminales y el individuo, la idea de fenomenología que el filósofo francés Maurice Merleau-Ponty elaboró en su obra *Fenomenología de la percepción* (1945), a partir del tratado original de Husserl. Así, la filósofa feminista Elizabeth Grosz –continuadora en gran medida de la obra tanto de Husserl como de Merleau-Ponty– resume la base de la fenomenología moderna, o *merleau-pontiniana*, de la siguiente forma:

> [p]ara Merleau-Ponty, aunque el cuerpo es tanto un objeto (para los demás) como una realidad vivida (para el individuo), nunca puede ser solo objeto o solo realidad vivida. El cuerpo queda definido por su relación con los objetos y, a su vez, define a los objetos como tales –es decir, tiene la capacidad de «dar sentido» y de «dar forma», proveer de estructura y de organización y de un espacio a los objetos para que estos puedan situarse y frente a los cuales podamos medir nuestra corporalidad–. El cuerpo sería nuestro «ser-en-el-mundo» y, por tanto, es el instrumento mediante el cual toda la información y todo el conocimiento es recibido y a partir del cual formamos el significado (1994: 87).[18]

---

[18] «For Merleau-Ponty, although the body is both object (for others) and a lived reality (for the subject), it is never simply object nor simply subject. It is defined by its relations with objects and in turn defines these objects as such – it is "sense-bestowing" and "form-giving", providing a structure, organization, and ground within which objects are to be situated and against which the body-subject is positioned. The body is my being-to-the-world and as such is the instrument by which all information and knowledge is received and meaning is generated».

En otras palabras, la fenomenología moderna defiende que el cuerpo humano es el origen de todo significado. Gracias al cuerpo –a nuestro cuerpo– podemos situarnos en el mundo, dar sentido a lo que nos rodea, saber para qué sirve o cómo usar un objeto; y gracias al cuerpo –al de los demás, que percibimos como otro *objeto*, como algo material que no somos nosotros– también podemos ser percibidos por los demás, que le darán a nuestra existencia o a nuestra forma un sentido particular. Aunque este razonamiento puede resultar complejo a simple vista, la fenomenología moderna no busca más que posicionar el cuerpo humano como el punto desde el cual obtenemos y fabricamos toda la información que necesitamos. En función de hacia dónde orientemos nuestro cuerpo, de hacia dónde miremos o hacia dónde no miremos, obtendremos una información u otra, aprenderemos a ver la vida y lo que nos rodea de una forma concreta.

En este sentido, podemos entender los espacios liminales como lugares que reorientan nuestros cuerpos hacia realidades que no solemos contemplar y a las que, por tanto, no hemos dado sentido o procesado internamente. La fenomenología, al darle importancia al cuerpo y a su posición en el mundo material, revaloriza inevitablemente los espacios (sobre todo a aquellos que se salen de la norma) y por tanto es imprescindible pensar desde una perspectiva fenomenológica para entender hasta qué punto son importantes los estudios artísticos que actúan como espacios liminales en la literatura decimonónica.

Una buena forma de acercarse a esta perspectiva es a través del trabajo de la filósofa y crítica literaria Sara Ahmed. En su obra *Fenomenología Queer* (2006), Ahmed describe cómo, de acuerdo con la fenomenología, todos estamos orientados hacia una realidad particular:

> [l]as orientaciones implican diferentes formas de registrar la proximidad de los objetos y los otros. Las orientaciones configuran no solo cómo habitamos el espacio, sino también cómo aprehendemos este mundo que habitamos de forma compartida, así como «a quién» o «a qué» dirigimos nuestra energía y atención (2006: 13-4).

Si, por ejemplo, pensamos en los modelos tradicionales de domesticidad decimonónica descritos con anterioridad, podemos pensar que los espacios que se asociaban con la feminidad orientaban a sus ocupantes hacia una forma concreta de entender la vida. Los objetos que las rodeaban en estos espacios (instrumentos musicales, de costura, utensilios de cocina, o incluso el *bric-à-brac* decorativo) configuraban su forma de entender el mundo, dándoles un lugar en el que llevar a cabo las actividades asociadas con la feminidad tradicional, con el ideal del *Angel in the House*, que eran, en muchas ocasiones, forzosamente impuestos en la educación de estas mujeres. Después de todo, podemos llegar a pensar que «los espacios no son exteriores a los cuerpos; en realidad los espacios son como una segunda piel que se despliega en los pliegues del cuerpo» (Ahmed, 2006: 23). O, en otras palabras, podemos pensar que las habitaciones en las que habitamos y en las que desarrollamos las actividades socialmente aceptadas para nosotros dicen tanto de nuestra personalidad y de la forma en la que entendemos el mundo como cualquier otro aspecto de nuestro cuerpo o de nuestra personalidad.

Ahmed sigue desarrollando esta idea y explica la existencia de una «dirección colectiva» (2006, 30), es decir, de una orientación socialmente aceptada y que se aplica a la mayoría de la población, una especie de línea demarcada en nuestras vidas que nos guía para que encajemos en la cultura popular de nuestra época. En el siglo XIX occidental, esta dirección colectiva está clara: la división entre las esferas pública y privada, la división de lo que se espera de un hombre y de una mujer, etc., pueden entenderse como parte de la dirección colectiva que guiaba a los individuos de la época a reproducir los patrones que perpetuaban los ideales domésticos y laborales decimonónicos. No obstante, Ahmed identifica una problemática obvia en toda sociedad en la que se establece una dirección colectiva:

> Las líneas que nos permiten orientarnos, las que están «delante» de nosotros, también hacen que ciertas cosas, *y no otras*, estén a nuestro alcance. Lo que está a nuestro alcance es lo que podría ubicarse como un punto en esta línea. Cuando seguimos líneas específicas, algunas cosas se vuelven alcanzables *y otras permanecen o incluso quedan fuera de nuestro alcance* [...] Convertirse en miembro de [una sociedad específica], entonces, también podría significar seguir esta dirección [colectiva], lo que podría describirse como el requisito político de que nos giremos de algunas maneras y no de otras (2006: 29-30, énfasis del autor).

Es decir, seguir la dirección colectiva, encajar en lo que se espera de nosotros –o, siguiendo el ejemplo establecido aquí con anterioridad, usar una habitación de acuerdo con su uso socialmente aceptado– implica que dejemos sin explorar otras formas de vivir la vida, que no nos orientemos hacia realidades (que bien pueden ser raciales, de género,

sexuales, etc.) que no encajan en los patrones marcados
por la cultura de nuestra época o que, por ejemplo, no nos
demos cuenta del potencial que un espacio puede tener
cuando lo desasociamos del uso que suele dársele.

Volviendo a la idea del estudio del artista, no obstante,
podemos percibir que este espacio, por su liminalidad,
por su habilidad para no encajar del todo con lo que se
espera del espacio en una casa decimonónica y para que
ocurran en su interior –como se ve en el caso del estudio
de Frederic Leighton– situaciones que no serían acepta-
bles en otros entornos, tiene la habilidad de reorientar a
los que habitan en él hacia las realidades que la dirección
colectiva relega a un segundo plano o, directamente, a la
oscuridad de la inconsciencia. Curiosamente, Ahmed hace
referencia directa al estudio (en el sentido de despacho o
gabinete) en los siguientes términos: «el espacio del estudio está determinado por una decisión (que esta habitación
es para este tipo de trabajo), la cual a su vez "determina"
qué acciones "suceden" en ese espacio. La cuestión de la
acción es una cuestión de cómo habitamos el espacio»
(2006: 79). Es decir, según Ahmed el espacio del estudio
está determinado por lo que decidimos hacer en él. Si seguimos, por ejemplo, las reglas del despacho como espacio
masculino presente en muchas de las casas de clase media y
alta del siglo XIX, este sería un espacio donde los hombres
de la casa se reunirían con otros hombres para trabajar y
hablar de temas públicos y económicos. No obstante, la
definición del estudio que Ahmed propone cambia cuando
repensamos este espacio y deja de ser una especie de despacho para convertirse en el estudio de un artista. En el
estudio del artista, la «decisión» que determina lo que va
a suceder entre sus paredes es mucho menos rígida y más

abierta a contemplar otras realidades sociales y aspectos culturales. El estudio de un artista, como hemos visto con anterioridad, permite, por su liminalidad, que «sucedan» situaciones en él que no sucederían dentro de un estudio que sigue la dirección colectiva de la masculinidad de la época.

Podemos hacernos una buena idea de cómo el estudio del artista funciona como un espacio que permite, tanto a los que lo habitaban en el mundo real como a aquellos autores que lo representaban en sus novelas, reorientarse hacia las realidades que suelen estar relegadas a un segundo plano por la dirección colectiva a partir de la siguiente reflexión:

> Los cuerpos […] adquieren su orientación por medio de las repeticiones de ciertas acciones en lugar de otras, como acciones que tienen ciertos «objetos» a la vista, ya sean objetos físicos que son necesarios para hacer el trabajo […] o los objetos ideales con los que uno se identifica. La cercanía de tales objetos, su accesibilidad dentro de mi horizonte corporal, no es casual: no es que los encuentre allí, sin más. La cercanía de tales objetos es el signo de una orientación que ya he tomado hacia el mundo como una orientación que conforma lo que llamamos […] «carácter». Los cuerpos tienden hacia ciertos objetos más que hacia otros, según sus tendencias. Estas tendencias no son originales, sino que son efectos de la repetición del «tender hacia» (Ahmed, 2006: 86).

En otras palabras, Ahmed defiende aquí la idea de que nuestro entorno y los objetos que nos rodean en dichos entornos determinan las acciones que llevamos a cabo en los espacios en los que nos encontramos. En una cocina, por ejemplo, el rol de la mujer queda condicionado por los objetos que la rodean. No solo es que la sociedad de la época dictase claramente que la cocina era un espacio femenino en el que las mujeres tenían que realizar cierto tipo específico de actividades, es que además los objetos presentes en tal espacio no daban opción a que se produjese otro tipo de actividades. Incluso en el caso del salón o *drawing-room* victoriano, las estatuillas, cuadros y otros objetos decorativos dejaban claro que la mujer debía identificarse en este espacio con un ideal de domesticidad y confort, convirtiéndose, prácticamente, en un objeto decorativo más. Estos objetos representan y evidencian la orientación de los que habitan dichos espacios. En el caso de los ejemplos anteriores, queda claro que la mujer está orientada hacia los roles típicos de la feminidad decimonónica, dejando ver que los habitantes de tal entorno siguen los parámetros de la dirección colectiva marcada por la sociedad. Estos roles, a su vez, refuerzan los mismos valores que, en primer lugar, los hacen necesarios, lo que genera una especie de círculo o cadena en el que cada eslabón refuerza a los demás, creando, dentro de las direcciones colectivas, la sensación de que es difícil escapar de las demandas sociales.

No obstante, si «los cuerpos tienden hacia ciertos objetos más que hacia otros, según sus tendencias» (Ahmed, 2006: 86), y esto es debido a la repetición social de ciertas acciones y actitudes sobre otras (es decir, una mujer del siglo XIX tenderá, según su clase social, hacia los objetos –instrumentos de costura, de cocina, musicales, etc.– que la sociedad le marca como aquellos necesarios para cumplir sus roles asignados), ¿qué ocurre en aquellos espacios que, como el estudio del artista, permiten la presencia de objetos, actividades y roles que no encajan del todo en los esquemas de la dirección colectiva? ¿Qué ocurre, por ejemplo, con la ecléctica mezcla de decoración, herramientas, modelos, visitantes, clientes y celebridades que entran y salen con mayor o menor libertad del estudio de Leighton? Y es que, a pesar de la intrincada forma en la que los valores decimonónicos, los espacios domésticos y las distintas personas e instrumentos que habitan dichos espacios se convirtieron en una herramienta para preservar el *statu quo* de la sociedad de la época, aún existían ciertos espacios liminales, umbrales entre lo establecido y lo creativo, entre lo aceptado y lo rechazado, en los que las normas se relajan y en los que sus ocupantes pueden encontrar una reorientación efectiva hacia otras realidades que la domesticidad decimonónica pretendía ignorar o relegar a un segundo plano. Así, podemos decir que el estudio del artista, en virtud de su propia liminalidad, resultado directo de su habilidad para no encajar en los roles domésticos decimonónicos, permite a sus ocupantes reorientarse, seguir nuevas líneas vitales, incluso «tender hacia» otras realidades y objetos que no tendrían lugar en otras estancias de la vivienda o de la sociedad a la que la vivienda, como se ha establecido con anterioridad, emula. Podemos matizar, por lo tanto, la afirmación de Bachelard, que indica que «la casa es nuestro rincón del mundo. Es –se ha dicho con frecuencia– nuestro primer universo. Es realmente un cosmos» (1975: 34), pues si bien es verdad que la casa es todo un cosmos que reproduce y refuerza los valores de una sociedad, también tiene el poder, a través de ciertos espacios liminales, de usar un espacio de una forma que no encaje con las tradiciones, para ser reformado, para convertirse en un nuevo tipo de cosmos o de universo que contempla aquello que suele ser ignorado, si seguimos el esquema doméstico generalmente aceptado.

En resumen, y como Ahmed indica en su obra posterior *¿Para qué sirve?* (2019):

> El uso puede ser restrictivo y directivo, o ser restrictivo a base de ser directivo. Si se usan más los mismos caminos, hay menos caminos disponibles para usarse. […] Se pueden crear otras [sic] caminos mediante el uso: el uso no hace imposible la desviación. La desviación es difícil. La desviación se hace difícil (2019: 67).

Es decir, la forma en la que usamos los espacios es, normalmente, restrictiva porque es directiva: sabemos que un espacio está designado para algo y es, por tanto, difícil que hagamos en él otra actividad que no sea para la que ha sido diseñado. Cuanto más se usa una habitación con un fin, más difícil es cambiar la actividad –con todas sus implicaciones culturales y sociales– que se lleva a cabo en ella. Pero Ahmed nos ofrece un punto de esperanza para realizar cambios en un espacio: por mucho que estemos acostumbrados a que una habitación sirva para algo, por mucho que el camino esté marcado por nuestros ancestros y por los dictados sociales, siempre es posible *desviarse* del uso convencional de un espacio y, por difícil que esto sea (pues hay que luchar contra la tradición y la dirección colectiva), se puede llegar a usar una habitación con un fin distinto al que se le ha dado. Esto es, precisamente, de lo que parecen haber sido conscientes tanto los artistas decimonónicos como los escritores que representaron sus estudios en sus obras.

Si bien era difícil retratar cambios sociales, cuestionar normas de género o roles sexuales en habitaciones como el salón, la cocina, la *billiard-room* y otros espacios claramente delimitados en la domesticidad decimonónica dentro de los binarismos público/privado y masculino/femenino, el estudio del artista era el espacio liminal perfecto para poner en entredicho estos binarismos, para reorientar la mirada de los lectores hacia otras realidades que no tenían lugar en el resto del espacio doméstico del XIX. La propia versatilidad del estudio, su liminalidad cultural y social, tal y como se aprecia en el caso del estudio de Frederic Leighton, daba a los autores una oportunidad única para usar este espacio como un lugar en el que la dirección colectiva se analizaba, se cuestionaba e, incluso, se desmembraba para ofrecer al lector vistazos de otras realidades, la oportunidad de que ellos también se reorientasen a través de lo que leían en las páginas de sus obras. El estudio del artista, a fin de cuentas, es el lugar idóneo para que los lectores puedan leer, sin escandalizarse o sin que les llame la atención más de la cuenta, lo que nunca les pasaría desapercibido si tuviese lugar en otras estancias domésticas decimonónicas. Tal y como Ahmed declara al final de *¿Para qué sirve?*, «Un portal se convierte en un lugar de encuentro. Una mesa de cocina se convierte en una editorial. Un buzón se convierte en un nido» (2019: 307), y, del mismo modo, el estudio del artista se convierte en un lugar liminal en el que la literatura de la época puede permitirse articular lo que no se podría representar en ningún otro escenario físico: en una reorientación hacia lo que se sale de la norma.

2. El estudio de la mujer artista

En el capítulo anterior hemos visto cómo el papel de la mujer durante el siglo XIX venía en gran medida condicionado por su posición en el hogar. El concepto de ángel en el hogar y las ideologías similares que florecieron durante esta época tuvieron como consecuencia la relegación de la mujer a la esfera privada, al ámbito doméstico e, incluso dentro del propio hogar, a una serie de estancias relacionadas con labores que se consideraban femeninas y que perpetuaban la noción popular de que una mujer debía adaptarse a una serie de normas de conducta asociadas con la sumisión, la docilidad, la pasividad y la dependencia de las figuras masculinas de su familia o entorno. A fin de cuentas, y tal y como indica Giménez, «la feminidad de la mujer y las hijas radicaba en depender del hombre y marido o padre» (2006: 47). El hogar, lo doméstico, se convertía, por tanto, en el espacio por excelencia en el que la mujer debía desenvolverse y actuar, lejos de las influencias masculinas de la esfera pública, con la idea de preservar su rol de *ángel* acomodador y proveedor de cuidados. La casa o vivienda se convierte, por tanto, y como se ha indicado con anterioridad, en una especie de santuario a ojos de la cultura popular decimonónica en el que la mujer ejerce de ángel guardián:

> Ciudad, calle, plazas y edificios públicos correspondían al ámbito de lo público, mientras que la vivienda se definía cada vez más con los caracteres de la privacidad, el refugio, el descanso, el nudo y el nido de una sociedad que establece ahora las fronteras entre lo público y lo privado en torno al eje doméstico. La vivienda se convierte en la expresión material por excelencia de una nueva sensación, la intimidad (Giménez, 2006: 11).

No obstante, y a pesar de la retórica sacrosanta que rodea a esta nueva configuración doméstica, esta suerte de ensalzamiento de la mujer como entidad protectora del hogar provocaba que la vida de las mujeres quedara ampliamente condicionada e incluso limitada por las exigencias que su nuevo rol exigía de ellas. Por muchas alabanzas que los pensadores y escritores del momento prodigasen a la mujer, es evidente que su confinamiento a la esfera privada, al hogar, resultaba en una considerable disminución de su importancia como agente social, creador o político. Incluso dentro de la propia vivienda, la mujer se encontraba relegada a ciertos espacios concretos en los que, como hemos visto con anterioridad, sus tareas y su abanico de acciones se veían demarcados por las funciones que se solían llevar a cabo en dichas estancias y los objetos que en ellas había. Así, Blasco afirma que en las casas precontemporáneas «hombres y mujeres tendrían sus respectivos espacios separados y caracterizados en función del género» (2006: 52), una realidad que se veía reforzada –y que reforzaba, a su vez, las actividades femeninas– por la férrea manera en la que «en la casa decimonónica, cada habitación está destinada a una función estricta, y este destino no se puede cambiar» (Giménez, 2006: 12). Pareciera pues, a simple vista, que las funciones que la sociedad demandaba a las mujeres eran tan inescapables e inamovibles como las funciones que la propia sociedad esperaba que fueran cumplidas en las estancias de sus hogares. Por otro lado, y tal y como hemos visto en el capítulo anterior, el estudio del artista podía considerarse un espacio liminal en el que –por su estado entre lo privado y lo público– se podían llevar a cabo ciertas actividades que dejaban entrever un resquebrajamiento de los roles domésticos y sociales. La literatura de la época nos ofrece un espejo en el que ver reflejada la libertad que estos espacios ofrecían, y este reflejo es aún más interesante cuando incluye la imagen de la mujer artista como un agente que rompe con la tradición del *ángel* en el hogar y se mueve entre las esferas públicas y privadas para desarrollarse como individuo al margen de las expectativas sociales. Tal es el caso de las dos novelas que se van a analizar en este capítulo, *La inquilina de Wildfell Hall* de Anne Brontë y *El fauno de mármol* de Nathaniel Hawthorne, con el objetivo de que los lectores puedan apreciar, al final de este, hasta qué punto el espacio del artista permite crear personajes femeninos que ponen –en mayor o menor medida– en jaque las convenciones sociales, domésticas y literarias del siglo XIX occidental. Pensemos brevemente, antes de proceder a dicho análisis, en la situación en la que las mujeres se encontraban durante esta época.

Aunque sería injusto generalizar y encapsular todos los tipos de feminidad de acuerdo con un único parámetro, podemos afirmar que la mayoría de las mujeres en el siglo XIX se encontraban en un estado de lo que la reputada filósofa estadounidense Judith Butler ha denominado *sujeción* (2001: 12), es decir, en un estado de dependencia con respecto a los hombres de su familia. Si bien es cierto que las mujeres de clase social trabajadora podían llegar a gozar de mayor libertad en ciertos aspectos (pues era más común que estas interviniesen en la esfera pública por su necesidad de trabajar para mantenerse), la mayoría de las mujeres de la época estarían íntimamente familiarizadas con la idea de estar sujetas a la voluntad de un hombre para poder encajar en los patrones de la dirección colectiva de la época. Incluso las mujeres trabajadoras tendrían que, a pesar de su relativa libertad de movimientos, rendirle cuentas en la mayoría de los casos a un hombre en algún tipo de capacidad, ya sea como patrón, esposo, amante o, en los peores casos, proxeneta o jefe criminal. En *Mecanismos psíquicos del poder* (2001), Butler nos ofrece una explicación que puede resultar muy productiva para entender los procesos sociales que mantenían esta sumisión femenina:

> El razonamiento es el siguiente: si se puede demostrar que el sujeto persigue o sustenta su estatuto subordinado, entonces la responsabilidad última de su subordinación quizás resida en él mismo. Por encima y en contra de esta visión, yo argumentaría que el apego al sometimiento es producto de los manejos del poder, y que el funcionamiento del poder se transparenta parcialmente en este efecto psíquico, el cual constituye una de sus producciones más insidiosas (2001: 17).

En otras palabras, Butler afirma que la responsabilidad de que un individuo sea dominado por sus circunstancias sociales no recae en el individuo en sí. Al contrario, Butler explica que los individuos llegan a *encariñarse* y a reproducir los patrones de sometimiento que la sociedad les asigna porque los propios poderes de sometimiento y sujeción se aseguran de que así sea. En el caso de las mujeres en el siglo XIX, esto se podría traducir en la forma en la que la división binaria de la sociedad y del espacio doméstico restringe y acota su capacidad de actuar y de salirse de las normas establecidas, mientras que, al mismo tiempo, las ensalzan y aplauden como si fuesen semideidades domésticas. Este proceso de refuerzo del sometimiento, no obstante, se puede llegar a desmoronar a partir de dos aspectos claves: la necesidad femenina de resistir las imposiciones sociales y el uso de un espacio doméstico de una forma que contradiga los usos tradicionales establecidos.

Por lo tanto, las dos novelas que se analizan en este capítulo constan de protagonistas femeninas que consiguen desapegarse del «efecto psíquico» insidioso mediante el cual las mujeres de la época se veían subyugadas a las normas de su sociedad. Para conseguir dicho desapego, además, ambas protagonistas recurren a las libertades que el estudio del artista les ofrece para configurarse como mujeres al margen de los roles de género decimonónicos.

2.1. Anne Brontë:
La inquilina de Wildfell Hall (1848)

Cuando consideramos la relación entre los roles de género femeninos y la sociedad del siglo XIX en un contexto literario, parece casi inevitable que pensemos también en las hermanas Brontë. Las obras de Charlotte (1816-1855), Emily (1818-1848) y Anne Brontë (1820-1849) son ya una parte esencial de nuestra forma de entender la Inglaterra victoriana y el papel que la mujer tenía en su sociedad y en su cultura. Así, por ejemplo, *Jane Eyre* (1847), *Villete* (1853), *Cumbres borrascosas* (1847) y *Agnes Grey* (1847) no solo forman parte de nuestra forma de pensar sobre el siglo XIX, sino que, además, representan a mujeres que luchan, negocian y rompen los estereotipos de género de su sociedad. En esta sección, no obstante, se prestará atención a una de las novelas más ignoradas de la más ignorada de las tres hermanas británicas: *La inquilina de Wildfell Hall* (1848) de Anne Brontë. Esta novela se diferencia de las otras publicaciones que pertenecen al canon brontiano en tanto que, por primera vez, representa cómo una mujer se rebela contra las expectativas sociales que la rodean a través del arte y, por tanto, cómo lo hace desde su propio estudio artístico. La última novela de Anne nos ofrece así una forma idónea de observar cómo el estudio del artista podía configurarse en la literatura de la época como un espacio de revolución social para la mujer, a pesar de que, como veremos, la novela está supeditada en todo momento a un tono ciertamente moralista e incluso conservador. Antes de analizar el texto es importante, por otro lado, que prestemos atención a la manera en la que en la propia vida de las hermanas Brontë, y más específicamente de Anne, la posesión de un espacio propio donde desarrollar su arte y su escritura nos revela mucho sobre el potencial de dichos espacios.

Casi todos los interesados en la literatura victoriana están familiarizados con las vidas y obras de las hermanas Brontë. Durante muchas décadas, la imagen de tres hermanas extremadamente talentosas, con vidas tristemente decepcionantes y limitadas, bajo la estricta tutela de un padre distante y sometidas a las labores domésticas de una pequeña casa en un pequeño pueblo lejos de toda sociedad literaria e intelectual, ha dominado el imaginario colectivo relacionado con Charlotte, Emily y Anne. A principios del siglo XXI, no obstante, numerosos críticos e historiadores empezaron a cuestionar si esta imagen popularmente preservada se correspondía con la realidad de las tres hermanas más célebres de Haworth, en Yorkshire. A tal efecto, escritoras como Lucasta Miller o Patsy Stoneman empezaron a investigar lo que hoy en día conocemos como *The Brontë Myth*, o los factores que llegaron a consolidar la imagen popular de las hermanas Brontë en el imaginario colectivo. Así, podemos identificar dos fuentes principales que generaron dicho mito: la confusión entre las obras y las vidas de las tres autoras y la biografía de Charlotte que su amiga y escritora, Elizabeth Gaskell, publicó en 1857 (Stoneman, 2002: 216-8). Basándose en las investigaciones historiográficas de Juliet Baker, Stoneman argumenta, por ejemplo, que Haworth, lejos de ser un pequeño pueblo sin una comunidad intelectual o cultural que pudiese fomentar los talentos de las hermanas Brontë, era un lugar en el que Charlotte, Emily y Anne podían codearse con otras familias con un nivel de educación similar al suyo propio, a pesar de tratarse de un pueblo de difícil acceso durante la primera mitad del siglo XIX (Stoneman, 2002: 220-1). Asimismo, es bien sabido hoy en día que Patrick Brontë, vicario de Haworth y padre de las Brontë, era un hombre preocupado por la educación y el bienestar de sus hijas, que les otorgó una educación y una libertad de movimientos a las que pocas mujeres de la época podían aspirar. A pesar de la facilidad con la que sus contemporáneos relacionaron las vidas de las heroínas –normalmente desafortunadas y oscuras, provenientes de familias infelices o desestructuradas– de sus novelas con las vidas de sus creadoras y la forma en la que Gaskell en *Life of Charlotte Brontë* representó a las tres autoras como víctimas de unas circunstancias vitales que las subyugaban a los caprichosos y fríos deseos de su padre y a los cuidados constantes hacia su desaprensivo y deshonesto hermano, Branwell, hoy en día contamos con más recursos que nos permiten entender hasta qué punto todas estas presunciones no eran más que un esfuerzo de la sociedad de la época por encajar la vida y la obra de tres mujeres que osaron cuestionar el *statu quo* de su época en el modelo tradicional de feminidad victoriano. Como apunta Stoneman:

> *The Brontë Myth* se ha desarrollado a lo largo de los años, cambiando su foco de atención, mezclando biografía y literatura, y el contexto con la ficción. Ha alcanzado inmensas magnitudes, pero se empequeñece ante la sátira y puede ser cuestionado desde los márgenes de la cultura. Tales ondulaciones son las que mantienen a un texto vivo y relevante (2002: 238).[1]

Como veremos en esta sección, de hecho, las propias obras de las Brontë y, más precisamente, la forma en la que Anne representa a la protagonista de *La inquilina de Wildfell Hall* en su estudio artístico nos pueden ayudar, hasta cierto punto, a desmontar el mito brontiano y a posicionar a Anne como una mujer capaz de cuestionar y

---

[1] «The Brontë myth has developed through time, shifting its focus, collapsing lives with works and landscape with fiction. Swelling to bombastic girth, it is deflated by satire or challenged from the margins. Such surging and seething is what keeps texts alive».

poner en entredicho los mismos roles de género en los que el mito parece querer encapsularla a ella y a sus hermanas. Y es que incluso la propia Charlotte, tras la muerte de Emily en 1848 y de Anne en 1849, parecía ansiosa por representar a sus hermanas dentro del modelo de femi- nidad tradicional, si bien nunca sabremos si su esfuerzo se debía a un intento de plasmar la realidad de la vida de sus hermanas o a un intento de honrar sus memorias preservándolas de las feroces críticas que habían recibido por parte de los críticos literarios de la época. Así, en una nueva edición conjunta de *Cumbres borrascosas* y *Agnes Grey* publicada en 1850, Charlotte añadió, a modo de prefacio, una *Biographical Notice* en la que nos transmite lo siguiente sobre el contexto de sus obras y de las de sus hermanas:

> Hace unos cinco años, mis dos hermanas y yo, tras un largo período de separación, nos volvimos a ver reunidas y en casa. Siendo residentes de un distrito remoto en el que la educación no había progresado demasiado y donde, en consecuencia, no teníamos suficientes estímulos como para buscar relaciones sociales más allá de nuestro círculo doméstico, nos vimos completamente dependientes la una de la otra, y en los libros y en el estudio, para buscar los placeres y ocupaciones vitales (2008: xliii).[2]

---

[2] «About five years ago, my two sisters and myself, after a some- what prolonged period of separation, found ourselves reunited, and at home. Resident in a remote district, where education had made little progress, and where, consequently, there was no inducement to seek social intercourse beyond our own domestic circle, we were wholly dependent on ourselves and each other, on books and study, for the enjoyments and occupations of life».

Aquí vemos, por un lado, cómo la propia Charlotte fomenta la idea del mito brontiano por la cual Haworth era un lugar recóndito e inhóspito para la actividad intelectual de tres mujeres. No obstante, un observador anónimo que visitó la zona en 1857 reportó lo siguiente:

> Supusimos que Haworth era una aldea pequeñísima y diseminada, con una vicaría desolada y una iglesia dilapidada, rodeada y excluida del resto del mundo por los salvajes y frondosos páramos [...] No obstante, encontramos esta aldea transformada en un pueblo grande y floreciente –no especialmente culto o poético, pero compacto y progresivo, donde, por cierto, observamos tres grandes capillas no conformistas y dos o tres colegios de gran tamaño (citado en Miller, 2002: 169).[3]

En otras palabras, Charlotte parece querer hacernos pensar que su situación social y la de sus hermanas se conformaba con la que el mito promovía, sin ser esta del todo cierta. A partir de este punto, es importante, pues, tomar con un poco de escepticismo toda la información que Charlotte nos ofrece. Su *Biographical Notice* continua así:

> Contrarias a la publicidad personal, cubrimos nuestros nombres bajo los de Currer, Ellis y Acton Bell [...] no queríamos declararnos mujeres, porque –sin sospechar en

---

[3] «We had supposed Haworth to be a scattered and straggling hamlet with a desolate vicarage and a dilapidated church surrounded and shut out from the world by a wilderness of barren heath. Instead of that we found it transformed into a large and flourishing village – a not very enlightened or poetical place certainly but quaint, compact and progressive».

aquel momento que nuestra forma de escribir y pensar no es lo que suele decirse «femenina»– teníamos la vaga impresión de que las autoras son más susceptibles a ser consideradas por medio de los prejuicios; nos habíamos dado cuenta de cómo los críticos a veces usan como su herramienta de castigo el arma de la personalidad de estas mujeres, y cómo, para otorgar sus recompensas, usan un tipo de adulación que en nada se parece a la auténtica admiración. (2008: xliv).[4]

En esta parte, vemos a la Charlotte más crítica con las convenciones de género de su época, pues expresa sin ambages la discriminación que la crítica tradicional ejercía contra las mujeres escritoras. Podemos llegar, pues, a la conclusión de que las tres hermanas eran más que conscientes de los restrictivos roles de géneros femeninos que pretendían alejar a las mujeres del mundo público. Cuando Charlotte dirige su atención a la vida y a la obra de su hermana menor, Anne, observamos, no obstante, cómo su interés por alimentar el *Brontë Myth* y su conocimiento de las restricciones impuestas en las mujeres victorianas entran en conflicto:

---

[4] «Averse to personal publicity, we veiled our own names under those of Currer, Ellis, and Acton Bell [...] while we did not like to declare ourselves women, because—without at that time suspecting that our mode of writing and thinking was not what is called "feminine"—we had a vague impression that authoresses are liable to be looked on with prejudice; we had noticed how critics sometimes use for their chastisement the weapon of personality, and for their reward, a flattery, which is not true praise».

La inquilina de Wildfell Hall, de Acton Bell, tuvo asimismo una recepción negativa. Esto no me sorprende en absoluto. La elección de temática fue un completo error. Nada podría haber estado menos en sintonía con la naturaleza de la autora. Los motivos que dictaron su elección de tema fueron puros pero, creo, que también un poco mórbidos. Anne había tenido que observar, casi de primera mano y durante un largo período de su vida, los terribles efectos que tienen los talentos y las facultades humanas cuando no se emplean bien o se abusan; la suya era una naturaleza sensible, reservada y triste; lo que tuvo que observar se hundió profundamente en su mente; y la dañó. Consideró y sobrepensó el tema hasta que se convenció de que era su deber reproducir cada detalle (con personajes, incidentes y situaciones ficticias, por supuesto) a modo de advertencia para los demás (2008: xlvii).[5]

Como veremos más adelante, la temática de *La inquilina de Wildfell Hall* se convierte en un escollo para los esfuerzos de Charlotte por asimilar a sus hermanas con la feminidad tradicional. Justifica el texto de Anne aclarando que era una

---

[5] «*The Tenant of Wildfell Hall*, by Acton Bell, had likewise an unfavourable reception. At this I cannot wonder. The choice of subject was an entire mistake. Nothing less congruous with the writer's nature could be conceived. The motives which dictated this choice were pure, but, I think, slightly morbid. She had, in the course of her life, been called on to contemplate, near at hand, and for a long time, the terrible effects of talents misused and faculties abused: hers was naturally a sensitive, reserved, and dejected nature; what she saw sank very deeply into her mind; it did her harm. She brooded over it till she believed it to be a duty to reproduce every detail (of course with fictitious characters, incidents, and situations), as a warning to others».

persona «dañada» por los eventos que había tenido que observar en contra de su voluntad y aduce la redacción del texto a un sentido del deber y de la sensibilidad femenina que podría resultar más agradable a los lectores y críticos de la época que el pensamiento de que esta chica en su veintena hubiese podido imaginar eventos tan socialmente inaceptables como los que se relatan en la novela:

> La personalidad de Anne era más tranquila y subyuga-
> da… Paciente, abnegada, reflexiva e inteligente, con una
> timidez constitucional y una taciturnidad que la situaban
> siempre en la sombra, y que cubrían su mente, y especial-
> mente sus sentimientos, como si de un velo de monja se
> tratase, uno que pocas veces era levantado. Ni Emily ni
> Anne tenían una educación amplia… siempre escribieron
> desde el impulso de la naturaleza, siguiendo los dictados
> de la intuición, y a partir de las experiencias que sus
> limitadas vidas les había permitido amasar (2008: xlix).[6]

En este último fragmento de su justificación, Charlotte vuelve a intentar dejar claro que Anne, a pesar de la naturaleza de su segunda novela, casaba perfectamente con el estereotipo normativo de feminidad victoriano. No obstante, y tal y como la historiografía moderna y el ejemplo

---

[6] «Anne's character was milder and more subdued; […] Long-suffering, self-denying, reflective, and intelligent, a constitutional reserve and taciturnity placed and kept her in the shade, and covered her mind, and especially her feelings, with a sort of nun-like veil, which was rarely lifted. Neither Emily nor Anne was learned; […] they always wrote from the impulse of nature, the dictates of intuition, and from such stores of observation as their limited experience had enabled them to amass».

de Haworth nos demuestran, tenemos que tomar con un poco de escepticismo lo que aquí comenta Charlotte, y remitirnos de una forma más directa a la vida y a la obra de Anne para entender la forma en la que sus esfuerzos en *La inquilina de Wildfell Hall* pueden ser considerados revolucionarios e, incluso, protofeministas de una forma que poco o nada tiene que ver con los roles de géneros femeninos del siglo XIX.

Uno de los pocos documentos no ficticios escritos por la propia Anne que nos permite entender un poco mejor su personalidad es el prefacio que redactó para la segunda edición de *La inquilina de Wildfell Hall*. La novela, publicada en 1848, había recibido un aluvión de críticas (Stoneman, 2002: 226) a las que, en parte, Charlotte intentó responder en su *Biographical Notice*, pero la respuesta de Anne es mucho más directa y, proviniendo de la propia autora, quizás también más fiable. Un fragmento que resume bastante bien el tono general de las críticas que la novela recibió puede encontrarse en una ambigua reseña escrita por Charles Kingsley en *Fraser's Magazine*: «El problema del libro es su crudeza […] La mano de una mujer asoma en cada página. Solo una mujer, intentando escribir como un hombre, podría inventar tales crudezas y vulgaridades» (citado en Allott, 1995: 269-73). Ante estas acusaciones de vulgaridad y de representaciones demasiado escandalosas de la realidad, Anne, en contraste con Charlotte, se defiende de la siguiente manera:

> Si bien reconozco que el éxito de la presente obra ha sido mayor que el que yo esperaba y que las alabanzas que ha arrancado a unos pocos críticos benevolentes han sido superiores a sus méritos, también debo admitir que desde

otros ámbitos ha sido criticada con una aspereza para la que tampoco estaba preparada y que tanto mi juicio como mis sentimientos me aseguran que es más amarga que justa […] Mi objetivo al escribir las páginas que siguen no fue simplemente entretener al Lector, ni tampoco proporcionarme un placer, y menos aún congraciarme con la Prensa y el Público. Deseaba decir la verdad, porque la verdad siempre comunica su propia moral a aquellos que son capaces de aceptarla […] si pudiera de alguna manera conseguir que se me escuchara, preferiría susurrar al oído del público unas cuantas verdades saludables que un montón de estúpida blandenguería. […] [P]ero si tenemos que abordar la malignidad y personajes malignos, mantengo que es mejor describirlos como son realmente que como a ellos les gustaría parecer. […] [Si] he impedido que una sola muchacha caiga en el mismo error natural de mi heroína, el libro no habrá sido escrito en vano […] Los modestos talentos que Dios me ha dado los pondré con todas mis fuerzas al servicio de su más alta utilidad; no solo quiero entretener, sino también beneficiar; y cuando sienta que es mi deber decir una verdad desagradable, con la ayuda de dios, la *diré*, aunque sea perjudicial para mi nombre y vaya en detrimento del placer inmediato del lector y del mío propio (2023: 11-3, énfasis en el original).

Podemos observar en este fragmento del prefacio que, lejos de querer justificar su texto y asimilarlo a los valores femeninos de la sociedad victoriana tal y como Charlotte pretende hacer, Anne se muestra franca en su crítica a la sociedad: reconoce en ella numerosos fallos que cree su deber exponer y, haciendo esto, cuestiona y rechaza todas las cadenas que la identificación personal con la figura del *ángel* del hogar hubiese implicado. Anne rechaza, asimismo, los escrúpulos literarios que una mujer debía adoptar para hablar de los problemas sociales en una novela: se muestra impenitente con su habilidad para comentar «verdades saludables» en lugar de describir «un montón de estúpida blandenguería», como, sin duda, hubiese sido más propio de una mujer que pretendiese escribir en la época victoriana sin atraer la atención negativa de la crítica.

Además, y tal y como ocurre con la heroína de la novela, Anne parece aceptar sin problemas el hecho de que una mujer puede llegar a tener los mismos talentos que un hombre, que puede participar de la esfera pública con igual o mayor perspicacia que muchos de sus coetáneos masculinos:

> Respecto a la identidad de quien ha escrito el libro, me gustaría dejar meridianamente claro que Acton Bell no es Currer ni Ellis Bell […] Como bien poco, creo yo, puede importar que semejante nombre esconda la personalidad de un hombre o una mujer, tal como uno o dos de mis críticos afirman haber descubierto […] [Y] aunque no tengo más remedio que atribuir buena parte de la severidad de mis censores a esta sospecha, no me molestaré en refutarla, porque, en mi opinión, si un libro es bueno, lo es independientemente del sexo de quien lo ha escrito. Todas las novelas se escriben, o deben ser escritas, para que las lean hombres y mujeres, y no puedo concebir que un hombre se permita escribir algo que sea realmente vergonzoso para una mujer, o que una mujer sea censurada por escribir algo que sea conveniente y adecuado para un hombre (2023: 13-4).

De esta forma, y sin llegar a revelar nada de su identidad, Anne deja ver a los lectores que su posición es firme y clara: un hombre y una mujer no deberían ser divididos en términos literarios por lo que pueden o deben escribir. Este germen de feminismo, al que Charlotte pareció intentar restar importancia en su *Biographical Notice*, se nos muestra presente en la obra, haciéndola merecedora de más atención de la que normalmente ha recibido en el contexto académico que rodea a las hermanas Brontë. Asimismo, la semilla feminista presente en *La inquilina de Wildfell Hall* está firmemente relacionada con el arte y, sobre todo, con el estudio del artista, algo que quizás no deba sorprendernos si tenemos en cuenta, de forma breve, la vida de Anne.

Poco conocemos de la biografía de Anne Brontë, y menos aún de sus relaciones interpersonales o sentimentales. Lo que sí sabemos es que durante 1839, y luego otra vez durante cuatro años (desde 1841 a 1845), ejerció como institutriz de la familia Robinson en la casa Thorpe Green, cerca de York, donde la conducta de su hermano, Branwell (que también trabajaba allí como profesor de dibujo y que, aparentemente, mantuvo un *affaire* con mrs. Robinson), le costó su empleo (Luebering, 2023). Sus experiencias como institutriz nutrieron su ficción y muchas de las cosas que, según Charlotte, la «hirieron» bien podrían datar del período en el que tuvo que enfrentarse a la hostil atmósfera de Thorpe Green y a la conducta errática de su hermano. Lo que podemos deducir de estos breves datos biográficos es que, sin duda, Anne era capaz de apreciar la importancia de ser independiente económicamente hablando y de poseer un espacio propio, algo que su trabajo como institutriz le negaba por su ambigua posición como miembro de la servidumbre, pero, a la vez, «miembro» putativo de la familia. La menor de las Brontë parece encajar perfectamente con el modelo de artista cuyo desarrollo se ve frustrado por la escasez de medios y por la falta de una habitación propia, tal y como lo definió Virginia Woolf. Pero, si bien las penurias económicas condicionaron una buena parte del desarrollo madurativo de las hermanas Brontë (que, en una u otra ocasión, se vieron forzadas a ejercer empleos que no las satisfacían), es curioso pensar en la habitación que utilizaban como estudio artístico para escribir sus obras una vez se volvieron a ver reunidas en Haworth en 1845.

Aún hoy puede observarse en la casa-museo de las hermanas Brontë (perfectamente conservada en Haworth) el salón y la mesa donde las tres hermanas se reunían para escribir sus obras. Curiosamente, Charlotte, Emily y Anne consiguieron romper en sus propias vidas las rígidas separaciones domésticas de la era victoriana y hacer de un espacio predominantemente femenino y privado –como era el salón– una estancia en la que lo público y el trabajo (conceptos que, como hemos visto, estaban normalmente relacionados con lo masculino) también tenían cabida. Esto parece resonar con las ideas defendidas por Ahmed, que afirma que utilizar una estancia o un objeto para un uso que no es el asignado es un acto de rebeldía política en sí: «Utilizar la mesa que sostiene el trabajo doméstico para hacer trabajo político […] es un dispositivo de reorientación» (2006: 91). O, dicho de otra forma, podemos afirmar que la forma en la que las hermanas utilizaban los espacios femeninos para ejercer una tarea relacionada con lo masculino es, de por sí, una indicación clara de su conciencia sobre lo revolucionaria que una habitación, que un espacio que se torna liminal, puede llegar a ser. Así, el salón de la vicaría de Haworth podría haber servido como inspiración para la representación del estudio del artista que hace Anne en *La inquilina de Wildfell Hall*, en la que borra perfectamente los binarismos domésticos y sociales de la época para articular las ideas protofeministas que le ganaron la censura de los críticos contemporáneos. Exploremos, pues, teniendo en cuenta todas estas circunstancias, la importancia que este espacio tiene en la novela.

La inquilina de Wildfell Hall es una novela que presenta una multiplicidad de historias y de voces. El texto abre con una carta que Gilbert Markham le escribe a su cuñado, Halford, explicándole con detalle la historia de cómo conoció a su esposa. A partir de ese punto, la narrativa se retrotrae al año 1827 y mezcla la narración de Gilbert con fragmentos del diario de su esposa, Helen, la auténtica protagonista de la novela. En su juventud, Helen contrae matrimonio en primeras nupcias con Arthur Huntingdon, un atractivo pero irresponsable joven que pronto convierte la vida de Helen en un infierno debido a su adicción al alcohol, a las mentiras y a su relación extramatrimonial con lady Lowborough, mujer de un amigo de la familia. Las preocupaciones de Helen por la salud de su matrimonio y por la degradación moral de su marido se multiplican cuando se da cuenta de que la influencia de este está empezando a hacer mella en la personalidad del hijo pequeño de ambos, Arthur. En el momento en el que se inicia la narración, Helen, bajo un pseudónimo, ha abandonado a su marido y, junto a su hijo, se ha establecido en una antigua mansión casi en ruinas en la vecindad de Gilbert para dedicarse a la pintura, con el fin de mantenerse sin necesidad de recurrir a su marido. Conforme la novela avanza, vemos cómo las situaciones de violencia en las que se ha visto envuelta Helen a lo largo de su matrimonio están profundamente conectadas con los esquemas domésticos tradicionales del siglo XIX.

Por ejemplo, cuando Huntingdon invita a sus amigos y compañeros de copas y algarabías a su casa, vemos cómo Helen sufre al ver su casa convertida en un espacio público, con un ambiente más parecido al de una taberna de bajos fondos que al de la domesticidad íntima e ideal de la época. Así, Anne ofrece al lector escenas en las que estos compañeros de saturnales, tras excederse con las bebidas alcohólicas, se empiezan a tirar libros y a insultarse mutuamente hasta el punto de que el anfitrión pierde la capacidad de mantenerse en pie:

> Por fin vino lentamente, subiendo las escaleras a trompicones, ayudado por Grimsby y Hattersley. Ninguno de los dos caminaba con paso muy firme, pero se reían y mofaban de él, haciendo el ruido suficiente para que lo oyeran todos los criados. Arthur no se reía ya, sino que parecía enfermo y estupefacto. No escribiré nada más sobre esto. Escenas tan lamentables (o casi) se han repetido más de una vez (2023: 346-7).

La situación, no obstante, no hace más que empeorar y volverse más violenta con cada visita de los amigos de Huntingdon. En un momento específico de la narrativa, siendo ya Helen consciente de que su marido la está engañando con lady Lowborough –pero viéndose forzada por él, aun así, a admitir a esta dama y a su cónyuge en el entorno doméstico–, la casa se nos presenta como un lugar completamente permeado por la violencia, la desidia, el odio y todos aquellos sentimientos que, supuestamente, deberían permanecer al margen del concepto del hogar decimonónico. Y aunque esta representación del espacio doméstico de la época como un lugar corrupto e inseguro suele estar más relacionado, normalmente, con la obra de Emily *Cumbres borrascosas* (Sim, 2004: 33-4), Anne realiza una exploración más profunda de cómo las distintas habitaciones y espacios dentro de un hogar tienen la capacidad de reorientar a sus personajes hacia nuevas formas de vida. El único espacio que aparenta ser seguro para Helen es la biblioteca, donde se retira para escapar de su impuesto rol de anfitriona que no puede disfrutar o ejercer correctamente debido a la naturaleza amoral de sus invitados:

> [M]e había retirado a la biblioteca cuando el día tocaba a su fin para tomarme unos minutos de descanso de la forzada jovialidad y la conversación agotadora (porque [...] no siempre me era fácil violentar mis sentimientos, incitar mi talento para hablar, sonreír y escuchar, y representar el papel de la atenta anfitriona, o hasta el de la entretenida amiga) (Brontë, 2023: 418).

Podemos observar cómo la casa se va convirtiendo en una esfera hostil al producirse en esta una anulación continua del rol de la mujer, hasta el punto de que Helen decide, como se ha comentado anteriormente, fugarse junto a su hijo: «esto no podía continuar: mi hijo no debía ser abandonado a esta corrupción; era mucho mejor que viviera en la pobreza y la oscuridad con una madre fugitiva que en el lujo y la abundancia con semejante padre» (2023: 433). Para poder realizar este plan, no obstante, se da cuenta de que debe ser capaz de generar ingresos y, para ello, retoma la única habilidad de la que su educación le permite sacar beneficio alguno:

> La paleta y el caballete, en otro tiempo mis queridos compañeros de juego, debían ser mis compañeros de trabajo ahora […] primero, a encontrar un marchante en alguna ciudad lejana; luego […] vendería secretamente los cuadros que tuviera a mano que sirvieran a semejante propósito y algunos de los que pintara en el futuro (2023: 433-4).

El arte, pues, se nos presenta en esta novela como una alternativa laboral óptima para una mujer en una situación doméstica desesperada. La profesión de artista, sin embargo, requiere de un espacio para poder realizarse y, en ausencia de dicho espacio, Helen transforma la biblioteca en su estudio personal y provisional (Brontë, 2023: 435). No obstante, debemos recordar, tal y como vimos en el capítulo anterior, que la biblioteca no es uno de los espacios considerados como puramente femeninos en la dicotomía del hogar decimonónico y, por tanto, susceptible de acoger la presencia de los hombres de la casa, quienes, como se ha expuesto con anterioridad, constituyen el principal problema para la protagonista de la novela. Así, lejos de ser la biblioteca-estudio un espacio liminal donde Helen puede trabajar y cuestionar la dirección colectiva de los roles de género de su sociedad, esta se vuelve pronto, por su naturaleza codificada como espacio masculino doméstico, una nueva fuente de problemas. En esta pieza, Helen no solo es acosada por uno de los amigos de su marido, que le insiste para que se fuguen juntos a pesar de que ella no deja de manifestar su rechazo por él (2023: 439-41), sino que además es donde su marido finalmente lleva a cabo el acto de desprecio definitivo hacia ella y sus ambiciones, al mandar quemar todos los materiales de pintura y los cuadros que Helen ha elaborado hasta la fecha (2023: 451). La situación cambia cuando entra en escena un estudio artístico de verdad.

Poco después de que su marido intente frustrar la carrera artística de Helen, esta consigue fugarse junto a su hijo y su sirvienta de confianza. Su hermano la acoge en la antigua casa y parcialmente dilapidada casa de la familia, Wildfell Hall, donde eventualmente Helen conoce a Gilbert, punto en el que empieza la narrativa. En esta casa, Helen utiliza un pequeño salón como estudio con el fin de mantenerse a sí misma y a su pequeña y heterodoxa familia:

> [m]i otra habitación tiene ya un aspecto bastante profesional y ordenado. Estoy trabajando arduamente para recompensar a mi hermano por todos los gastos que ha hecho en mi favor; [...] disfrutaré mucho más de mi trabajo, mis ingresos, mi comida frugal y mi economía doméstica si sé que me gano la vida honradamente y que lo poco que poseo es legítimamente mío (2023: 484).

Y este fragmento, precisamente, encapsula de forma excepcional el valor que el estudio del artista tiene en la novela de Anne Brontë. Helen no solo ha conseguido escaparse de la casa de su marido, sino que, además, ha creado un espacio propio en el que poder trabajar, materializando así el objetivo que Virginia Woolf marcaría para las mujeres artistas ochenta años después de que se publicase *La inquilina de Wildfell Hall*. Brontë se adelanta a su tiempo poniendo de manifiesto la importancia que una habitación propia puede llegar a tener para una mujer que quiere mantenerse con sus propias habilidades artísticas. Esta precocidad no ha pasado desapercibida a la crítica literaria, ya que como Roberta White indica: «Anne Brontë rompe las convenciones de su época al representar a una mujer artista con un estudio propio [...] Lo sorprendente no es que Helen sea una artista [...] sino que se consiga establecer como una profesional» (2005: 52).[7] En otras palabras, lo que hace que la novela pueda considerarse revolucionaria e incluso protofeminista no tiene tanto que ver con la explícita descripción del maltrato que Helen sufre a manos de su marido o con su valiente fuga de la domesticidad victoriana (White, 2005: 53), como con el hecho de que consigue establecerse como una pintora profesional con un estudio propio en el que las normas de género que rigen el espacio doméstico decimonónico claramente no se aplican, pues en esta habitación una mujer orquesta sus incursiones al mundo público a través del arte, rompiendo así la división entre la esfera privada y la esfera pública en la que toda la sociedad de la época parecía reposar.

Tal y como sucede en la vida real de las hermanas Brontë con su utilización de la mesa del salón como espacio de escritura y, por tanto, de trabajo, la protagonista de *La inquilina de Wildfell Hall* consigue encontrar la forma de crear un espacio propio que le permita cuestionar o ignorar las leyes que han regido su vida hasta ese punto. Así, cuando se describe el estudio de Helen por primera vez, nos damos cuenta de que no solo estamos ante un espacio distinto y liminal en el que los cánones sociales

---

[7] «Anne Brontë breaks ground in depicting a woman artist with a studio of her own [...] What is surprising is not that Helen is an artist [...] but that Helen appears to have established herself as a professional».

victorianos no terminan de aplicarse, sino que también estamos ante una mujer a la que dichos cánones tampoco pueden aplicársele porque ha sido transformada por su profesión e influenciada por la libertad que dicho espacio le confiere. De hecho, cuando Gilbert y su hermana van a visitar a Helen por primera vez, esta no les recibe en el salón, como sería típico en una novela de la época, sino en su estudio, para así poder seguir trabajando mientras recibe a la visita:

> Para sorpresa nuestra, fuimos conducidos a una habitación en la que el primer objeto con el que tropezaron mis ojos fue un caballete de pintor [...] No se sentó exactamente frente a él, pero echaba una mirada a la pintura de vez en cuando mientras conversaba y la retocaba ocasionalmente con el pincel, como si le resultara imposible apartar la atención de su ocupación para fijarla en sus invitados (Brontë, 2023: 61).

La sorpresa de Gilbert y su hermana es completamente consecuente con los protocolos de la época, pero, curiosamente, además, Anne retrata el estudio del artista como un espacio de confort y reposo también para ellos, y no solo para Helen. Así, estos prefieren ser recibidos en el estudio siempre que acuden a Wildfell Hall, en lugar de en el salón, al que califican como una estancia «oscura y lúgubre» (2023: 78).

El texto nos permite ver perfectamente, por tanto, la forma en la que una simple estancia sirve para romper los roles de género que poblaban los textos victorianos. Helen pasa de ser un sujeto sometido a la autoridad patriarcal de su vida (e, incluso, en concordancia con los mecanismos que la subyugan, como indicaría Butler) a ser una mujer que depende exclusivamente de sí misma. El espacio del estudio articula esta transición perfectamente, permitiéndonos ver cómo la posesión de un espacio propio en el que poder trabajar hace que la protagonista reoriente su vida hacia nuevos horizontes y objetivos que eran sencillamente imposibles de alcanzar en un hogar estructurado de forma normativa. La presencia de este espacio –precursor de la habitación propia de Woolf– no solo quebranta la organización típica y binaria del hogar de la época, también dota a Helen de los medios y las herramientas necesarias para que el texto pueda ser leído, en gran medida, como un precursor del feminismo. El estudio del artista es, aquí, tan político como una declaración abierta de intenciones por la independencia de la mujer, pues simboliza todo lo que dicha declaración representaría sin tener que articularla y, por tanto, sin tener que sufrir el escarnio de la crítica victoriana.

Merece la pena, no obstante, tener en cuenta lo que otros muchos estudiosos de la novela han concluido: que el texto no puede entenderse como intrínsecamente feminista porque incluye numerosos aspectos que, de una forma u otra, disminuyen su radicalidad política y su ruptura de los binarismos de género de la sociedad decimonónica. Por ejemplo, Kate Flint afirma que por muy revolucionaria que sea la representación de una artista profesional en la época, la historia no deja de estar contada a través del prisma de los hombres que rodean a Helen, usando incluso su diario privado para ello (2002: 180). Roberta White plantea un argumento incluso más sólido para poner en duda el valor feminista del texto, pues es que una vez que el marido de Helen muere esta contrae matrimonio con Gilbert, abandonando así la pintura y abrazando el papel doméstico correspondiente a las mujeres del período, haciendo que los opresivos roles de géneros asociados con la feminidad triunfen finalmente: «el compromiso de Brontë con procurar un matrimonio [para la protagonista] impide que Helen se libere de forma genuina» (2005: 53).[8] En efecto, el final de la novela es mucho más conservador que el resto del texto, ofreciendo a los lectores victorianos un final típico que consolida la importancia del matrimonio y de la familia en la vida de la mujer en oposición con cualquier otro aspecto de su personalidad.

Debemos recordar, no obstante, que, a pesar de su final, *La inquilina de Wildfell Hall* es uno de los primeros textos que muestra a una mujer artista ganando su propio dinero y con un estudio propio establecido. Como se ha comentado con anterioridad, los estudios artísticos son espacios liminales, y esto se ve claramente en el texto, ya que la propia ambigüedad de este espacio, que no es ni masculino ni femenino de por sí, permite a Helen hacer incursiones entre lo privado y lo público, a la vez que le permite escapar de una situación de maltrato que pocas veces había sido descrita con tanta intensidad en la literatura anterior, ya que, en su propia liminalidad, el estudio puede constituirse también como una barrera de defensa contra el mundo exterior. En definitiva, podemos afirmar que, a pesar de la extendida presencia del mito brontiano en el imaginario colectivo (que posiciona normalmente a Anne como la menos importante de las tres hermanas) fue, precisamente, la pequeña de las Brontë la

---

[8] «Brontë's compromise with the marriage plot prevents any genuine liberation for Helen».

que se adelantó a Virginia Woolf y estableció el estudio del artista como un espacio de especial relevancia para el desarrollo de la mujer. Sin llegar a articular esta premisa, Anne demuestra en su segunda novela con total claridad los muchos beneficios que el estudio del artista puede aportar a aquellos individuos que no se identifican con la dirección colectiva de su sociedad y andan en busca de un lugar propio en los márgenes de lo establecido. Esta búsqueda, como veremos a continuación, queda lejos de ser una preocupación exclusivamente brontiana o británica y se establece en relación con la mujer en otros textos del período, destacando entre ellos *El fauno de mármol* del norteamericano Nathaniel Hawthorne.

2.2. Nathaniel Hawthorne: *El fauno de mármol* (1860)

A los ojos de la crítica contemporánea, las opiniones y las obras del estadounidense Nathaniel Hawthorne (1804-1864) se caracterizan por su ambigüedad. Esto se debe, principalmente, a tres motivos distintos que tienen un impacto directo en *El fauno de mármol*, la obra que aquí nos concierne por su representación del estudio del artista como un espacio femenino. El primer motivo por el que se considera a Hawthorne un autor ambiguo es por la naturaleza de su estilo narrativo. A pesar de que el siglo XIX fue, sin duda, el siglo de la novela como modo prosaico por excelencia, Hawthorne prefería referirse a sus obras como *romances*. De acuerdo con el propio Hawthorne, la novela debía representar de forma realista una historia, haciendo énfasis en los detalles materiales de esta, mientras que un romance había de centrarse, principalmente, en referir «la verdad del corazón humano» a través de elementos irreales o rocambolescos (citado en Manning, 2010: viii). Tras la publicación de *El fauno de mármol* en 1860, los críticos decimonónicos se apresuraron en consensuar que este texto se trataba, sin duda, del más ambiguo dentro de la obra de Hawthorne por su –en ocasiones irreverente– mezcla entre lo que el propio autor consideraba novela y lo que consideraba *romance*. Así, el propio Henry James articuló lo que la mayoría de los primeros revisores de la obra pensaban de esta al decir que «el elemento de lo irreal está demasiado forzado, y que el libro no es decididamente de una categoría ni de otra» (citado en Tanner, 1967: 154). En otras palabras, la última novela de Hawthorne se caracterizó desde el principio por no pertenecer claramente a un género literario claro: ¿se trataba, debido a sus profusas y detallistas descripciones de Roma, de una guía de viaje narrada, tal y como muchos lectores británicos y americanos la entendieron (Manning, 2010: xvii)? ¿Era una historia de asesinato y crimen o un cuento de hadas lleno de seres mitológicos?

Es difícil, y quizás irrelevante, responder a estas preguntas, puesto que el propio Hawthorne nunca ofreció una respuesta concreta a estas, prefiriendo que fuesen los propios lectores los que decidiesen cómo interpretar o usar el texto. Lo que sí es importante es tener en cuenta que, en este sentido, *El fauno de mármol*, por su persistencia en resistir una categoría concreta, puede entenderse por sí mismo como un texto puramente liminal, a medio camino entre el realismo característico de la literatura de la época y el irrealismo propio de los mitos, las leyendas y los cuentos de hadas. Es quizás esta misma resistencia a encajar en una categoría la que hace que el texto muestre una afinidad con otros elementos liminales de la prosa del autor estadounidense, que se presentan con bastante insistencia entre las páginas de la novela. A fin de cuentas, y como se ha dicho con anterioridad, Hawthorne es considerado un autor ambiguo no solo por su forma de narrar y estructurar sus historias, sino también por su relación con ciertos aspectos sociales de la época que forman una parte muy importante de la trama de *El fauno de mármol*.

El primero de estos aspectos sociales ante los que Hawthorne mantuvo una cierta ambigüedad a lo largo de su vida y que figuran de forma predominante en el romance es el arte. Nativo de la tristemente célebre ciudad de Salem, Nueva Inglaterra (en cuya historia su familia dejó una profunda huella), Hawthorne no contó con muchas oportunidades de apreciar el panorama artístico de su época hasta que fue enviado como embajador a Liverpool en 1857. Hasta entonces, su interacción con el arte se basaba principalmente en lo que aprendió a través de su esposa, la pintora Sophia Peabody (Williams, 2018: 168), pero su educación profundamente puritana hacía que, a ojos de sus contemporáneos, fuese incapaz de apreciar el arte visual plenamente (Williams, 2018: 167). Una vez asentado con su familia como cónsul, y bien lejos del contexto puritano de la Nueva Inglaterra decimonónica, Hawthorne empezó a desarrollar un gran interés por ampliar sus conocimientos sobre arte, lo que le llevó a viajar por Francia e Italia durante los últimos años de la década de 1850. No obstante, no fue fácil para una persona con el trasfondo cultural de Hawthorne convertirse en un entendido en arte, como comenta Susan Manning:

Hawthorne se obligó a sí mismo, con concienzudo sacrificio, y no sin una gran dosis de resistencia que comentó dolorosamente por escrito, a empezar a distinguir, a formarse un gusto propio, y a aprender a apreciar la pintura y la escultura... Hawthorne no era un entendido nato... [y] poseía una imaginación visual débil (Manning, 2010: xii).

De hecho, Manning llega a esta conclusión tras un estudio concienzudo de los cuadernos que Hawthorne redactó a lo largo de su estancia en Europa, en los que se puede apreciar claramente el esfuerzo y las inseguridades del artista a la hora de formar su propia opinión sobre lo que constituía una obra de arte y lo que no.

La situación cambió drásticamente una vez que los Hawthorne se instalaron en Roma. Allí, el escritor y su familia pronto pasaron a formar parte de los círculos artísticos e intelectuales de norteamericanos que vivían en Italia en busca de inspiración y de un mercado artístico más amplio que el que existía en los Estados Unidos: «En Italia, los Hawthorne se rodearon de arte, tratando a la vez de adquirir los conocimientos asociados con el turismo artístico y de separarse cada vez más del fantasma de su pasado en Nueva Inglaterra» (Williams, 2018: 174).[9] Debemos entender, por tanto, que Hawthorne veía el arte como una forma de diferenciarse de sus compatriotas, como una especie de puerta cuya apertura –mediante el conocimiento y el desarrollo de un gusto personal– le permitiría dejar

[9] «In Italy, the Hawthornes immersed themselves in art, working at once to enact the connoisseurship associated with high art tourism and to continue the process of separating themselves from the haunting of a New England past».

atrás los elementos más restrictivos y oscuros de su formación puritana. En otras palabras, Hawthorne entendía el arte y los conocimientos artísticos como una especie de proceso de reorientación que le permitiría entender el mundo desde una perspectiva que le había sido vetada por su educación tradicional en su Salem natal. De hecho, pronto los Hawthorne empezaron a codearse con algunos de los artistas norteamericanos que vivían en Roma más conocidos de la época, desarrollando una próxima amistad con figuras de la talla de Louisa Lander, Harriet Hosmer o William Wetmore Story (Williams, 2018: 175; Manning, 2010: xiii). Al final, es importante tener en cuenta que la ambigüedad de Hawthorne se basa en parte en la constante lucha que llevó a cabo dentro de sí entre su educación y su formación puritana y su deseo de ver el mundo desde una nueva perspectiva más abierta y cosmopolita. Evidentemente, y como veremos más adelante, esta lucha forma una parte importante de la representación del estudio del artista que tanta importancia cobra en la narrativa de *El fauno de mármol*.

La última característica de Hawthorne en la que la crítica contemporánea ve una patente ambigüedad es su tratamiento del género femenino y de las mujeres en su obra, otro aspecto de considerable importancia tanto para la novela que nos concierne como para el tema que estamos tratando en este capítulo. En este sentido, críticos como Louisa de Salvo, Robert Milder o Todd Ondredonk, por ejemplo, han acusado a Hawthorne de ser profundamente misógino y de representar a las mujeres de una forma satírica o condescendiente en muchas de sus obras, debido, en gran medida, a su trasfondo puritano (Milder, 2013: 183-4; Ondredonk, 2003: 73-100). Por otro lado,

autores como David Greven han indicado que en la obra
de Hawthorne puede leerse una cierta empatía hacia las
severas restricciones a las que vivían sometidas sus contemporáneas:

> La insistencia de Hawthorne en demostrar las impli-
> caciones y los costes potenciales de la intransigencia
> femenina puede leerse, con todos sus matices negativos,
> como una forma de realismo en el plano de la crítica
> social y de género [...] Cuando Hawthorne compone
> un destino funesto para la mujer que no transige con las
> normas culturales también manifiesta su comprensión de
> las graves repercusiones sociales en las que ésta incurre[10]
> (Greven, 2018: 152).

En otras palabras, mientras que unos autores no du-
dan en ver un claro ejemplo de misoginia en la obra de
Hawthorne por los desenlaces –normalmente negativos–
que les depara a sus heroínas, que se salen de las estrictas
normas de género de la época, otros ven estos mismos
desenlaces como una especie de conciencia feminista por
parte del autor, en tanto que articulan la crueldad con la
que la sociedad trataba a toda mujer que no acataba sus
dictados. Debemos tener en cuenta, por otro lado, que
Hawthorne vivió en una época en la que, como hemos visto con anterioridad, la sexualidad y las normas de género

---

[10] «Hawthorne's insistence on demonstrating the implications and
the potential costs of female intransigence can be read, for all of its
grimness, as a form of realism on the level of gendered social critique
[...] Hawthorne's depictions of dire outcomes for the intransigent
woman reflect his understanding of the severe social repercussions
incurred by gender and sexual intransigence».

que regían la vida de una mujer no solían ser abiertamente discutidas por los hombres o por aquellos autores que quisieran evitar ser criticados por ir en contra del discurso predominante, de la dirección colectiva. En este sentido, creo que es mucho más productivo adoptar la opinión sobre este tema elaborada por Alison Easton, que especifica que el verdadero interés de la relación entre la obra de Hawthorne y la feminidad decimonónica no está en lo que pensase el autor, sino en cómo sus textos exploran la forma en la que sus heroínas navegan los constructos sociales que las oprimen (2004: 80).

Así, *El fauno de mármol* se presta perfectamente a una exploración de la ambigüedad de Hawthorne y nos permite ver qué papel juega en dicha ambigüedad el estudio del artista, ya que el texto aúna su interés en el corazón humano, en el arte, y en el papel de la mujer en el siglo XIX. Aunque en la actualidad *El fauno de mármol* no destaca como una de las principales obras de Hawthorne, siendo *La letra escarlata* (1850) y *La casa de los siete tejados* (1851) las que más han trascendido en importancia, en su día el libro alcanzó un éxito inmenso e inmediato, sus ventas llegaron a superar en el primer año de su publicación «el total obtenido por cualquiera de los romances anteriores a lo largo de toda la vida de Hawthorne» (Manning, 2010: xvi). Aunque los críticos se mostraban recelosos de la naturaleza híbrida de la obra, y de su mezcla de realidad y fantasía, los lectores encontraron en *El fauno de mármol* no solo una historia cautivadora, sino también, como se ha indicado con anterioridad, una útil guía de viajes para explorar Roma. Lo más interesante de esta obra, no obstante, es la forma en la que las protagonistas consiguen burlar los binarismos de género a través de su relación con el arte y con los espacios artísticos.

El fauno de mármol narra, como puede deducirse, la vida de un grupo de cuatro amigos que habitan en Roma. De los cuatro amigos, tres son artistas profesionales, mientras que el cuarto, Donatello, es un joven y atractivo conde italiano que guarda un asombroso parecido con el famoso *Fauno* de Praxíteles (también conocido como *Sátiro en reposo* o *Sátiro Anapauomenos*) expuesto en los Museos Capitolinos. De entre los tres artistas, dos, Kenyon (escultor) y Hilda (pintora), proceden de la Nueva Inglaterra natal de Hawthorne, mientras que la procedencia de Miriam (pintora también) se convierte en un oscuro secreto que nunca llega a revelarse del todo. Posiblemente italiana, francesa o inglesa, y de ascendencia judía, Miriam oculta con extremo recelo sus orígenes: dándosele a entender al lector que vive en Roma bajo un nombre falso para evitar ser encontrada por una serie de misteriosas personas de su pasado que la relacionan con un terrible crimen que nunca llega a ser definitivamente articulado a lo largo de toda la narrativa. La acción toma impulso, no obstante, cuando una misteriosa y siniestra figura, conocida como El modelo (pues es un hombre que sirve de modelo en varias ocasiones para las pinturas de Miriam), procedente del pasado de Miriam, empieza a acosarla por las calles de Roma. En un momento de estrés y ansiedad, Donatello (que está perdidamente enamorado de Miriam) asesina a aquel ante los ojos suplicantes de Miriam, y ambos quedan así unidos por la vergüenza y el estigma de haber cometido dicho crimen. Mientras que los cuatro amigos navegan esta situación desde sus diferentes perspectivas –el puritanismo de Hilda, que es testigo involuntario del crimen, la ignorancia de Kenyon, el amor que Miriam desarrolla súbitamente por Donatello y la exacerbada y mórbida culpabilidad que este siente por su crimen– subyace en el texto el verdadero motivo por el que Hawthorne lo consideraba un romance: la duda perpetua de si Donatello es, en realidad, un fauno mitológico encarnado. Una duda que, además, Hawthorne decidió no resolver en ningún momento.

No obstante, la narrativa consigue mantener la intriga, el suspense y el sensacionalismo que la rodean gracias a un elemento clave: la inusitada libertad social con la que cuentan tanto Hilda como Miriam y que deben, en gran medida, a su profesión como artistas y al espacio que les otorgan sus estudios para desarrollar sus personalidades al margen de los binarismos de género decimonónicos y de las estructuras domésticas analizadas previamente. En este sentido, y para poder entender en su plenitud el papel fundamental que el estudio del artista juega en la narración, es conveniente que prestemos atención a la forma en la que Hawthorne nos presenta estos espacios y cómo los relaciona con las mujeres que aparece en su novela.

La primera mención de un estudio artístico en el texto la hace el propio Hawthorne en su prefacio a la primera edición y se ha ido manteniendo en ediciones posteriores. Hawthorne confiesa abiertamente en las páginas de su texto introductorio a la novela que se ha inspirado en las obras y ambientes de los estudios de sus amigos artistas en Roma para crear el mundo de *El fauno de mármol* (2010: 5). Estos espacios se nos muestran, además, como intrínsecamente liminales desde el primer momento. Así, cuando Hawthorne describe la situación física del estudio de Miriam, lo hace en los siguientes términos:

El patio y la escalinata de un palacio, construido trescientos años atrás, constituyen un rasgo peculiar de la Roma moderna e interesan al desconocido más que muchas cosas respecto de las cuales cuenta con descripciones más elevadas. Uno atraviesa la magnífica anchura y altura de una puerta de entrada miserable, y es posible que vea una fila de columnas oscuras que forman una suerte de claustro en torno al patio; y en los intervalos [...] aparecen fragmentos esparcidos de estatuas antiguas, torsos sin cabeza y sin piernas, y bustos que invariablemente han perdido [...] la nariz. Las piedras que forman los muros de alrededor, cuajados de bajorrelieves expoliados de algún palacio más antiguo todavía, le han sido arrebatadas al Coliseo... Es más, entre dos de las columnas hay un sarcófago antiguo sin tapa [...] acaso antaño contuvo polvo famoso y la carcasa ósea de algún hombre histórico, aunque ahora sólo sea un receptáculo para los escombros del patio y para una escoba semigastada (2010: 35).

Entre este ambiente de ruina y decadencia, no obstante, Hawthorne rápidamente dirige la atención del lector o lectora hacia otros elementos que terminan de consolidar el espacio en el que se suelen encontrar los estudios romanos como un lugar liminal:

En el centro del patio [...] aparece una fuente. [...] [P]ero ahora las matas de musgo, los parches de hierba, los hilos de cabello de Venus y toda clase de frondosos hierbajos que crecen en las grietas y ranuras del mármol húmedo nos dicen que la naturaleza devuelve esta fuente a su gran seno y la atesora con tanto amor como si se tratase de un manantial nacido en el bosque (2010: 35).

En efecto, el tipo de edificio que, según Hawthorne, acoge a los estudios romanos es una muestra magnífica de la idea de lo liminal en tanto que nos muestra un proceso de transición entre dos estados: entre las ruinas de una civilización en decaimiento y que se desmorona por el inexorable paso del tiempo y la llegada de la modernidad (convirtiendo así lo que una vez fue arte en suciedad y basura) se encuentran los indicios de la naturaleza que renace y reclama las piedras –elementos de la civiliza-ción– como suyas. Este tipo de patio de vecinos, que tan común es encontrar en la capital italiana incluso hoy en día, nos muestra su liminalidad al permitirnos contemplar cómo lo que el ser humano ha construido –a partir, in-cluso, de las ruinas de lo que sus ancestros construyeron con anterioridad– inevitablemente decae y da paso a una vegetación salvaje que nos hace cuestionar a qué estado pertenece dicho espacio: ¿es más edificio o naturaleza? A fin de cuentas, y aunque podamos reconocer el espacio como uno de cohabitación humana, el hecho de que la naturaleza y la civilización se encuentren entremezcladas en un espacio en el que no debería existir lo salvaje o lo exuberante en términos vegetales nos hace darnos cuenta de que este espacio está en transición, en el umbral entre lo civilizado y lo natural.

Hawthorne completa este retrato de liminalidad espa-cial al comentar sobre los usos que los habitantes le dan a este tipo de edificio, mitad palacio en ruinas y mitad jungla descontrolada:

> En uno de los ángulos del patio se alza una puerta flan-queada por columnas que da acceso a la escalera, con su espaciosa franja de peldaños bajos de mármol [...] para

dejar que transit[en] por ella embajadores, nobles ingleses, millonarios estadounidenses, artistas, comerciantes, lavanderas y gentes de toda condición; todas las cuales encuentran los salones dorados y forrados de mármol que exigen su pompa y lujo, o los austeros desvanes que puedan pagarse en su estado de necesidad, dentro de esta morada de facetas múltiples (2010: 36).

De este modo, el espacio liminal se convierte también en un espacio liminal *social*, en tanto que en el mismo edificio conviven de forma independiente todo tipo de personas en distintas situaciones económicas o laborales. El *palazzo* italiano, alquilado por secciones a personas de diversos estratos sociales, se torna en otro espacio capaz de poner en jaque las divisiones domésticas del siglo XIX al permitir que distintas familias o individuos sin relación alguna convivan bajo el mismo techo (aunque en condiciones muy distintas). Este uso del espacio, como apuntaría Sara Ahmed, es de por sí novedoso y tiene el potencial de crear nuevos tipos de relaciones sociales que no eran comunes para los lectores decimonónicos, pero, además, en este espacio de liminalidades en el que la dirección colectiva se ve desafiada por una mezcla de civilización y naturaleza, y de riqueza y pobreza, Hawthorne nos muestra el estudio del artista, sito en los desvanes y buhardillas de los *palazzos*, como el corazón de esta liminalidad: en definitiva, como el espacio en el que realmente se derrumban los esquemas sociales establecidos del siglo XIX.

Esto se debe a que, a partir de este punto, nos adentramos en una narrativa en la que el estudio del artista figura prácticamente en cada capítulo de forma preeminente y mostrándonos sus capacidades para sostener situaciones que reorientan a los personajes hacia perspectivas de la realidad que distan mucho de aquellas sancionadas por la sociedad tradicional de su época. Así, se introduce al lector en el mundo y en la personalidad de Miriam, en primer lugar, a través de una descripción que posiciona su estudio como un elemento esencial para comprenderla:

> [H]emos de dedicar una o dos páginas a ciertas *peculiaridades* que ofrece la situación de la propia Miriam. Esta joven dama poseía una ambigüedad que, si bien no implicaba necesariamente algo malo, habría actuado en su contra en lo relativo a la manera en que podía recibirla la sociedad en cualquier parte excepto en Roma. Lo cierto era que nadie sabía nada de Miriam, ni para bien ni para mal. Había aparecido sin ser presentada, había tomado un *estudio*, había puesto su tarjeta en la puerta y había demostrado un talento muy considerable para la pintura al óleo […] Su forma de ser contenía una gran riqueza de color, y por tanto también sus pinturas (2010: 21, énfasis propio).

En este fragmento, el autor hace énfasis en lo excepcional de la situación de Miriam, en lo peculiar que es para una mujer vivir en una sociedad en la que su pasado no cuenta. El autor remarca cómo su condición de artista, en una ciudad acostumbrada a recibir a artistas y que fomenta una situación doméstica liminal en sus *palazos*, le confiere una cierta anonimidad y la posibilidad de que sus *peculiaridades* sean aceptadas sin ser cuestionadas, como ocurriría con cualquier mujer en otros ámbitos de la sociedad decimonónica.

Hawthorne continúa enfatizando la situación excepcional de Miriam como artista en Roma al describir una visita que Donatello le hace en su estudio. En dicha descripción, Hawthorne se entrega a una de las ambigüedades que le caracterizan con respecto al género. Por un lado, nos muestra el arte de Miriam como si de una ventana que nos permitiese contemplar su disidencia hacia las normas de género convencionales se tratase; y, por otro lado, aprovecha la ocasión para resaltar dicha disidencia a través de una diatriba sobre lo que la sociedad de la época esperaba de una mujer. Así, el narrador empieza el *tour* textual del estudio de Miriam centrándose en el hecho de que la heroína está cosiendo cuando Donatello llega a su hogar:

> En aquel preciso momento la artista no estaba trabajando frente al caballete, sino ocupada en la femenina tarea de remendar unos guantes [...] Hay algo sumamente placentero, [...] en esta peculiar labor de aguja que distingue a las mujeres de los hombres. Nuestro sexo es incapaz de enfrascarse en una tarea tan secundaria, tan al margen de los asuntos principales de la vida, pero las mujeres –ya sean del rango terrenal que sean, por muy dotadas que estén de intelecto o de genialidad, o por más agraciadas que hayan sido con una belleza imponente– siempre tienen preparada alguna labor manual [...] Estoy convencido de que constituye un indicio de poseer características saludables y delicadas el hecho de que las mujeres de pensamiento elevado y gran talento adoren coser, sobre todo porque jamás se siente más a gusto consigo mismas que cuando están ocupadas en dicha tarea (2010: 37).

De esta forma, Hawthorne parece ofrecer una justificación a la situación excepcional de Miriam, como si quisiera transmitirnos que, a pesar de su forma de vida, que transige con los valores asociados a lo femenino por su sociedad, su personaje aún guarda cierta semblanza con el *ángel* del hogar a través de su afición por la costura. Es imposible, por supuesto, saber el objeto exacto de Hawthorne al ofrecer esta descripción de Miriam y su consiguiente ensalzamiento de la costura como una tarea que dota de felicidad a las mujeres, pero lo que queda claro es que este fragmento, en medio de las anteriores y posteriores descripciones de la labor y de la forma de vida de Miriam, le otorgan a la narrativa un aire de ambigüedad. Es difícil, como se ha comentado, determinar si Hawthorne abogaba por una mayor autonomía para el género femenino o si, por el contrario, buscaba continuar la subyugación que Butler describe al diferenciar a la mujer de los hombres por su interés en «una tarea tan secundaria». Lo que queda claro en cualquier caso es que esta es la única concesión que el autor hace con respecto a Miriam y a la feminidad tradicional del siglo xix. Enseguida, un vistazo más concienzudo a las obras que Miriam está produciendo en su estudio deja claro que se trata de una persona que ha dejado atrás la visión colectiva de la sociedad y ha creado su propia perspectiva del mundo.

Por ejemplo, el narrador pronto dirige la atención del lector o lectora a una serie de pinturas al óleo que representan, por orden, a «Jael atravesando con un clavo las sienes de Sísara» (2010: 40), a Judith tras cercenar la cabeza de Holofernes y a Salomé recibiendo la cabeza de San Juan Bautista (2010: 41): «Una y otra vez se repetía la idea de la mujer que desempeñaba el papel de vengadora hacia el hombre. En efecto, resultaba muy singular ver que la imaginación de la artista parecía girar en torno a estas historias de derramamiento de sangre en las que la mano de la mujer quedaba manchada de color escarlata» (2010: 41). A continuación, el narrador hace énfasis en una serie de pinturas que representan «escenas domésticas y comunes», pero que incluyen, en todos los casos, a una figura secundaria con las facciones de Miriam que observa la escena en un estado de «honda tristeza» (2010: 42-3). En última instancia, se dirige al lector hacia un último retrato que representa a la propia Miriam con «una apariencia judía» y, una vez más, una expresión triste y profunda, como si poseyese una «hondura» insondable (2010: 44). Estos bosquejos se presentan en clara oposición a la labor de costura en la que Miriam está enfrascada al principio del capítulo. Por un lado, los dibujos que representan escenas bíblicas en las que una mujer ejecuta, de una forma u otra, a un hombre, son descritos como «desagradables fantasmas» que «atormentan» la imaginación de Miriam, como si la intimidad y el entorno de trabajo que ofrece el estudio del artista fuese el único lugar en el que Miriam pudiese, de alguna forma, purgar su conciencia y su imaginación y dejar fluir sus ansias de venganza y el auténtico estado en el que se encuentra su mente. Lo mismo parecen querer representar el resto de los cuadros en los que Miriam contempla lo cotidiano, lo doméstico, con tristeza, como si fuese consciente de que sus fantasmas nunca la dejarán participar de estas escenas que, de alguna forma, añora. Por último, su autorretrato termina de confirmar su estatus de otredad, de alineación –o, incluso, de liminalidad– social, ya que permite ver con claridad (por primera y única vez en toda la novela) la ascendencia judía de la protagonista: un factor que desde luego choca con los valores occidentales tradicionales del siglo XIX y, sobre todo, con la educación puritana del propio autor.

El estudio de Miriam, en otras palabras, cumple la función de la habitación propia de Virginia Woolf, ya que le permite expresarse, articular su perspectiva del mundo lejos de los confines de la domesticidad convencional. Como el propio Hawthorne indica, la conducta de Miriam solo puede ser aceptada en Roma, no solo porque esta ciudad fomenta una especie de convivencia que puede ser considerada liminal, sino también porque su estatus como artista hace que sus círculos sociales estén más predispuestos a aceptar lo que no aceptarían de otras mujeres que no se caracterizan por esta distinción. Además, Hawthorne se vale de la descripción de su estudio y de las obras que allí diseña Miriam para transmitir a los lectores hasta qué punto su personalidad y su forma de ver el mundo distan de la idea del *ángel* del hogar, por mucho que reconozca, en un principio, la afinidad de su protagonista con la costura. Una mujer que representa en su trabajo continuamente la venganza femenina, la tristeza e, incluso, su ascendencia semítica está lejos de encajar en los esquemas de la esfera privada que tan completamente dominaba el imaginario colectivo del siglo XIX occidental. Conforme la narrativa avanza, la idea de que Miriam, siendo artista y poseyendo un espacio propio en el que desarrollar su arte, ha adquirido una perspectiva del mundo completamente distinta a la que la sociedad impone a sus coetáneas, sigue creciendo y desarrollándose.

Así, cuando el modelo confronta a Miriam con el oscuro pasado que ambos comparten, ella contesta lo siguiente:

¡Recuerde que yo escapé de todo el pasado! Me construí una esfera nueva y encontré amigos nuevos, ocupaciones nuevas, esperanzas y alegrías nuevas. Mi corazón, a mi entender, quedó casi libre de toda carga, como si tras de mí no existiera una vida desgraciada. El espíritu humano no perece a causa de una sola herida, ni se agota en una sola prueba que le ponga la vida (2010: 88).

Este fragmento es una reflexión indirecta sobre cómo la dedicación al arte puede servir para remodelar la vida de una persona y, más concretamente, de una mujer. Una vez más, Miriam se distancia de la feminidad convencional de su época al afirmar que la vida, una vez que uno tiene el espacio suficiente para desarrollarse, puede dar pie a nuevas oportunidades, a una transformación del *yo* que no se superponga a cumplir una serie de normas. El esquema cronológico tradicional establecido para las mujeres decimonónicas –niñez, matrimonio, maternidad, vejez– se ve desafiado por Miriam cuando esta descubre que es posible eludir estos estados a través de la vida artística. Estas ideas se ven reforzadas cuando Miriam, en una discusión con Kenyon, explica su orientación hacia la vida de esta forma:

Una idea equivocada que suelen albergar los hombres es la de que la naturaleza ha hecho de las mujeres unas criaturas especialmente inclinadas a volcar todo su ser en lo que técnicamente se denomina «amor». Nosotras, por no decir más, no tenemos más necesidad de amor que vosotros; lo que ocurre es que no tenemos nada más que hacer con nuestro corazón. Cuando las mujeres cuentan con otras cosas en la vida, no muestran mucha inclinación a enamorarse. Me vienen a la memoria muchas mujeres, distinguidas en el arte, la literatura y la ciencia, así como muchas otras cuyo corazón y cuya mente hallan en qué emplearse, de maneras menos ostentosas, que llevan vidas puras y solitarias y no son conscientes de estar haciendo ningún sacrificio en lo que se refiere a vuestro sexo (2010: 110).

A través de este sentido discurso, vemos claramente reflejado el sistema de creencias de Miriam en su totalidad: el amor, las tareas del corazón –tan comúnmente relacionadas con lo privado y lo doméstico– no son las únicas funciones que una mujer puede ejercer, por mucho que la cultura popular indicase lo contrario. En cambio, Miriam afirma que la vida de una mujer puede ser igual de plena (o más) lejos de las convenciones que reproduciéndolas. Remarca, una vez más, cómo la vida artística provee a las mujeres con nuevas formas de vida que le permiten adoptar orientaciones más autónomas y libres hacia la vida. Esto encaja perfectamente con las ideas que Sara Ahmed en *Fenomenología Queer* pone de manifiesto sobre cómo una ocupación, una profesión, puede cambiar completamente nuestra forma de percibir el mundo: «¿Cómo estamos ocupados con los objetos? ¿Cómo nos orienta una ocupación hacia algunos objetos y, en esa dirección, hacia ciertas formas de vivir en lugar de otras? ¿Cómo ocupa esta orientación [...] el espacio?» (2006: 69). En el caso de Miriam la respuesta a estas preguntas es clara: su profesión de pintora le permite manifestar a través de los objetos de su oficio (sus obras) su auténtica personalidad, una personalidad que, como hemos dicho con anterioridad, no encaja con la idea del *ángel* en el hogar y que requiere de su propio espacio para poder ser manifestada: el estudio del artista. Así, Ahmed también remarca el potencial de las habitaciones para apoyar y reforzar toda aquella orientación hacia el mundo que diste de la dirección colectiva tradicional: «el espacio del estudio está determinado por una decisión (que esta habitación es para este tipo de trabajo), la cual a su vez "determina" qué acciones "suceden" en ese espacio» (2006: 79). En este caso, claramente, la decisión de Miriam de escapar de las normas que rigen la feminidad convencional se materializa en el estudio artístico, porque en él su «determinación» se traduce en la posibilidad de articular a través de la pintura lo que normalmente no podría ser articulado, y en su libertad de movimiento, gracias a que posee un espacio en el que no tiene que rendirle cuentas a ninguna figura masculina.

Miriam no es, no obstante, el único personaje femenino de la novela cuya conexión con el arte le permite desarrollar un tipo de feminidad completamente distinto al que se espera en la literatura del siglo XIX. Otra de las protagonistas de la obra, Hilda, a pesar de ser convencionalmente puritana y de ser definida por los otros personajes como un ser «suave y gentil», que no esconde ningún tipo de secreto y que encaja casi a la perfección con el ideal del *ángel* en el hogar, goza también de una libertad inusitada gracias a su profesión como artista. Tal y como ocurre con Miriam, Hawthorne también nos introduce a Hilda a través de su estudio. En este caso, la pintora vive en una buhardilla en lo alto de una torre junto al santuario de una Virgen a la que le enciende una lámpara todos los días a pesar de ser puritana. Hilda también vive en un antiguo *palazzo* en el que se entremezclan todo tipo de habitantes distintos, pero la forma en la que su estudio es descrito refuerza claramente los aspectos angelicales y femeninos del personaje. Así, cuando Miriam acude a visitar a Hilda por primera vez, el narrador nos cuenta cómo su estudio es una especie de refugio del mundanal ruido: «El bullicio de la ciudad [...] los gritos ásperos y estridentes [...] fueron amortiguándose hasta finalmente enmudecer, igual que enmudecerá siempre el estruendo del mundo si orientamos el rostro para ascender a los cielos» (Hawthorne, 2010: 48). Enseguida, Miriam termina de esbozar la situación del estudio de Hilda con matices celestiales:

> Aquí, elevada por encima de todas las pestilencias de Roma, respiras aire puro, y aun así, en tu *virginal* altura, moras por encima de nuestras vanidades y nuestras pasiones, del polvo y el barro de nuestra moralidad, teniendo como vecinos más próximos a las palomas y a los *ángeles* (2010: 49, énfasis propio).

Queda claro que el autor pretende, a través de la situación del estudio de Hilda, darnos una impresión distinta a la que transmite el estudio de Miriam. Mientras que una queda firmemente asociada con valores más tradicionalmente femeninos –como la virginidad o lo angelical–, la otra se muestra completamente desvinculada de cualquier tipo de convencionalismo –excepto por su gusto por la costura–. No obstante, ambos personajes están definidos por su autonomía. Incluso Hilda, a pesar de su proximidad con los ideales de la época, es considerada por sus amigos como «totalmente autosuficiente» (2010: 110), y Miriam, como se ha explicado con anterioridad, se mueve por las esferas sociales de Roma sin que su oscuro pasado sirva como pretexto para juzgarla y renuncia al amor –y, por tanto, a la familia y a la domesticidad–, como las únicas vías de realización disponibles para una mujer.

Para enfatizar aún más la libertad de la que gozan sus personajes femeninos, Hawthorne nos presenta Roma como si de un gigantesco estudio artístico se tratase, como un espacio liminal *per se* que permite que los artistas que vienen de otros países actúen de formas que serían impensables en sus países de origen:

> Una de las causas por las que Roma es la residencia favorita de los artistas [...] es, sin duda, que aquí descubre que gozan de una posición de fuerza, y que son lo bastante numerosos como para crear un ambiente amigo. En cualquier otro clima son desconocidos marginados; en esta tierra del arte son ciudadanos libres. [...] Tiemblan al acordarse de la soledad que invade sus estudios, situados en las antipáticas ciudades de su país de origen (2010: 121-2).

En otras palabras, y a modo de resumen y conclusión, podemos afirmar que, tal y como afirma Easton, *El fauno de mármol* no nos aporta ninguna pista definitiva sobre la opinión de Hawthorne respecto a la libertad (o falta de esta) de las mujeres de su época (2004: 82). No obstante, podemos afirmar que la opinión de Hawthorne sobre este tema no es tan importante como lo que su última novela consigue demostrar: que el estudio del artista es, en todo caso, un espacio donde las mujeres pueden plasmar su auténtica personalidad y revelar al lector su verdadera orientación hacia la vida. Además, al presentarnos Roma y sus viviendas como espacios liminales en los que los artistas son «ciudadanos libres», y donde el pasado de las mujeres artistas no importa o no tiene tanta importancia como su estatus como creadoras, Hawthorne –ya esté criticando a estas mujeres indirectamente o no– demuestra, al igual que lo hizo Anne Brontë en *La inquilina de Wildfell Hall*, que contar con un espacio propio y los medios para mantenerse confieren una libertad a las mujeres que los binarismos domésticos tradicionales de la época les niegan. Por estos motivos, *El fauno de mármol* es una novela excepcional en la historia literaria del siglo XIX, pues como explica Easton nos muestra a dos mujeres que trabajan solas en sus propios espacios, que caminan solas por calles transitadas, que entran solas a edificios públicos y hablan con personajes extraños sin estar acompañadas (2004: 95).

Es decir, la novela rompe completamente con la ideología de su época y expone una clase de mujer que puede moverse libremente rompiendo los esquemas del género establecidos. El hecho de que estas mujeres puedan hacer todas estas cosas queda completamente plasmado en sus estudios, que no solo actúan como símbolos de sus personalidades, sino que también plasman, como diría Bachelard, el «cosmos» (1975: 34) personal de estas mujeres. En el caso de Miriam, especialmente, el estudio le permite articular –dándole un lugar seguro en el que cruzar los umbrales de lo socialmente aceptado– sus fantasías, sueños, fantasmas y ansiedades personales. Los cuadros que vemos fugazmente en su estudio son la única clave que el autor nos da para entender a Miriam y, en mi opinión, esto dice mucho sobre la potencialidad de dicho espacio para representar a personajes femeninos que se salen de las normas de la época. En el estudio del artista, las heroínas de Hawthorne en *El fauno de mármol* parecen evidenciar algunas de las ideas sobre el género y la subyugación femenina que Judith Butler describiría más de un siglo después. Así, en su ensayo más conocido, *El género en disputa* (1990), Butler ya argumentaba que el género no era más que «la estilización repetida del cuerpo, una sucesión de acciones repetidas –dentro de un marco regulador muy estricto– que se inmoviliza con el tiempo» (2007: 98). En el siglo XIX esto puede entenderse de la siguiente forma: la repetición constante de las normas de feminidad –aquellas que regían el comportamiento aceptable de la mujer en base al ideal del *ángel* en el hogar, aquellas que la separaban de los espacios públicos y aquellas que restringían su presencia a ciertos espacios domésticos para que ejerciesen en ellos ciertas funciones específicas–, la adopción de un «estilo» de vida particular forzado por la presión de encajar con la dirección colectiva y conllevan que se normalice una forma de ser y de actuar que, como define Giménez, bien podría definirse como «depender del hombre y marido o padre» (2006: 47). No obstante, al romper tanto Hilda como –sobre todo– Miriam estas rutinas impuestas, al negarse a estilizar sus vidas de acuerdo con la presión social y al presentar Hawthorne a través de ellas modelos distintos de feminidad que no caen en la subyugación patriarcal ni, especialmente, en la celebración inconsciente de dicha subyugación –que es, después de todo, parte importante de la reproducción en el tiempo de esta (2001: 17)–, la novela pone de manifiesto hasta qué punto la posesión de un estudio propio, de un espacio liminal donde las normas no se aplican con tanta fuerza como en otros espacios, puede llegar a reorientar a las mujeres de la época hacia un «futuro» en el que existe la posibilidad de cambiar las acciones que repetimos y, por tanto, en el que podemos «responder con alegría a lo que se queda al margen» (Ahmed, 2006: 243).

Aunque en este capítulo se ha prestado especial atención a dos novelas relativamente conocidas en la cultura occidental, la influencia del estudio del artista como un espacio para representar la disidencia femenina está presente en muchas otras obras que, por desgracia, son menos conocidas para los lectores europeos contemporáneos. Helen y Miriam encuentran una compañera, por ejemplo, en la figura de la escritora ficticia Lésbia. Creada por la popular escritora brasileña María Benedita Bormann (conocida como Délia) en la obra homónima de 1890, Lésbia es otro claro ejemplo de cómo el estudio de la artista puede acomodar una orientación novedosa hacia la vida en la literatura de la época. La protagonista de la novela es una mujer que se muestra en todo momento en control de su vida: de sus amantes, que la apoyan sincera y plenamente en sus ejercicios creativos, de su casa, de su economía y de su círculo social. Lésbia se muestra como un claro ejemplo del feminismo temprano, rechazando la compañía de los hombres superficiales y convencionales (2020: 83-4), luchando en contra de la esclavitud (2020: 112) y defendiendo el rol de la mujer como escritora con gran fervor (2020: 85-6). Es importante tener en cuenta, no obstante, que todo esto lo lleva a cabo desde su estudio, un tocador –o *boudoir*– de la época que rápidamente convierte en lugar de trabajo una vez que decide dedicarse a la escritura (2020: 66). Su estudio se nos presenta como una habitación ecléctica que combina, por un lado, los instrumentos de su profesión y, por otro, la sensibilidad estética del fin de siglo, siendo así un espacio puramente liminal desde el que la protagonista orquesta todas sus operaciones e ideas. Lésbia destaca sobre otras novelas del panorama literario mundial de la época no tanto por su argumento como por las ideas protofeministas que la escritora articula a través del personaje principal y, sobre todo, por la forma en la que, una vez más, la producción de arte desde una habitación propia permite que el lector o la lectora se aproximen a estas ideas. El estudio de Lésbia es en sí una reorientación, un espacio que representa la multitud de rasgos que pueden llegar a ser parte de un individuo independientemente de su género –en contra de la cultura social de la época–. Posicionando a una mujer en un espacio liminal que le permite moverse entre las distintas esferas de la sociedad finisecular, Bormann consigue lo mismo que Brontë y que Hawthorne: crear a unos personajes femeninos que personifican la posibilidad de vivir de una forma distinta a la establecida. Por tanto, y aunque en este capítulo se ha prestado especial atención a la literatura occidental, aquellos interesados en comprender mejor la interrelación entre el arte, el espacio y la mujer en el siglo XIX deben tener en cuenta que este fenómeno dista mucho de ser exclusivamente europeo u occidental.

Por otro lado, tanto *La inquilina de Wildfell Hall* como *El fauno de mármol* respaldan y refuerzan una de las ideas centrales que Roberta White expone:

> Para afrontar y resolver cualquier problema pictórico que la atormente y la intrigue, la mujer artista debe encontrar y reclamar un espacio en el que trabajar, y esa reivindicación de un espacio es […] un acto político. Tanto en la ficción como en la historia, los espacios de trabajo de las mujeres artistas se amplían a lo largo del tiempo, a pasos irregulares, desde una carpeta en un armario hasta un estudio donde se puede trabajar en la obra y ponerla a la venta o exponerla. Este espacio de

trabajo es la medida de la reivindicación que la mujer hace en el mundo (2005: 15).[11]

De hecho, ambos libros demuestran que la reclamación por parte de la mujer de un estudio propio le sirve no solo para resolver un «problema pictórico», sino también un problema social que es, como bien indica White, político. Helen consigue escapar de su situación de abuso y crear una vida para ella y su hijo al margen de la depravación de su marido gracias a la posesión de un espacio propio que le permite trabajar y ganarse la vida en la esfera pública, y Miriam consigue dejar atrás los roles de género femeninos y actuar acorde a su personalidad, así como articular sus temores y ansiedades, gracias también a la posesión de un espacio propio. La paulatina aparición en la cultura literaria de estos espacios puede entenderse claramente como una forma de reivindicación (incluso si esa no era la intención del autor, como puede ser el caso de Hawthorne), como una forma de demostrar que las barreras que tan rígidas pueden parecer a simple vista pueden ser, en realidad, manipuladas y transformadas cuando se abraza lo liminal; cuando se acepta vivir en un espacio que no se rige por las normas convencionales, cuando el individuo rehúsa seguir

---

[11] «To confront and solve whatever painterly problems may haunt and intrigue her, the woman artist must find and claim a space in which to work, and that staking out of a space is [...] a political act. In fiction as in history, woman artists' working spaces enlarge through time – by uneven steps – from a portfolio in a cupboard to a studio or atelier where work may be completed and prepared for sale or exhibition. This working space is the measure of the claim that she makes upon the world».

las repeticiones que conforman la dirección colectiva y, en su lugar, adopta su propia orientación hacia el mundo.

En definitiva, podemos decir que la presencia del estudio del artista como un espacio femenino en la literatura del siglo XIX sirve para poner en entredicho la idea predominante de que «en la casa decimonónica, cada habitación está destinada a una función estricta, y este destino no se puede cambiar» (Giménez, 2006: 12) y, al hacer esto, se pone en entredicho también la idea de que la mujer y el hombre estaban inexorable y esencialmente divididos en la sociedad de la época. Helen y Miriam demuestran que hay posibilidades, formas de ver el mundo, en las que las mujeres pueden superar las barreras de la sociedad a la vez que demuestran que una casa no tiene por qué ser el símbolo de una sociedad restrictiva y dividida, sino que puede convertirse en un espacio de liberación. La liminalidad del estudio del artista es, a fin de cuentas, «una especie de libertad que se le ofrece al artista para que este pueda experimentar una sensación de apertura y de posibilidad» (White, 2005: 239),[12] es la clave para romper los esquemas domésticos; un espacio que permite que las mujeres hagan lo que no les está «permitido» y que proyecten y articulen, por ende, su propio cosmos personal y sirvan como reorientación para aquellas lectoras que, de una forma u otra, puedan sentirse identificadas con ellas y puedan entender que el espacio también puede ser de ellas, que hay habitaciones, más allá del salón y la cocina, que pueden ser suyas propias.

---

[12] «Liminality itself can offer a kind of freedom, however, when the artist experiences a sense of openness and possibility».

3. El estudio del artista
y la masculinidad disidente

El papel de la mujer en la sociedad decimonónica, así como las restricciones sociales y culturales que le venían impuestas por parte de la dirección colectiva, han sido, generalmente, un objeto de estudio común en el campo académico desde principios del siglo XX. Por otro lado, la masculinidad ha tendido a verse ignorada hasta hace relativamente poco, precisamente porque el androcentrismo de la sociedad del XIX configuraba a todo individuo que no encajase dentro de la categoría de la masculinidad tradicional como un «otro», como una presencia social fuera de la normalidad que, por tanto, debía estudiarse, clasificarse e incluso castigarse (Blanco, 2021: 270). Tal y como Elia Blanco indica, no obstante, el estudio de las masculinidades decimonónicas se ha visto potenciado en las últimas décadas, lo que conlleva que el *ser hombre* haya dejado de contemplarse como la medida de «lo normal» de la época, y haya empezado a ser considerado como otro aspecto más merecedor de atención y análisis para poder entender debidamente los diferentes tipos de masculinidad presentes en el siglo XIX, así como su impacto en la época contemporánea.

De esta forma, el hombre decimonónico se ha reconfigurado –siguiendo las teorías sobre el género de Judith Butler– como un individuo social que también se halla sujeto a una serie de imposiciones sociales que condicionan su conducta y que, a pesar de su mayor libertad y de su acceso a la esfera pública, también se veía afectado por la imposibilidad de salirse de la dirección colectiva marcada. En otras palabras, el hombre que rechazaba, cuestionaba o simplemente no encajaba con los criterios normativos de masculinidad podía llegar a convertirse en un agente transgresor similar a aquellas mujeres que rompían los binarismos domésticos (aunque, por supuesto, de una forma distinta, debido a los privilegios con los que los hombres contaban normalmente en la época que nos concierne). Así, podemos decir que mientras que las mujeres se veían continuamente comparadas y sometidas al ideal del *ángel* en el hogar victoriano, el hombre decimonónico se veía comparado y sometido a un ideal de masculinidad que es difícil de desentrañar, precisamente, por haberse constituido a lo largo de las décadas posteriores como un concepto «tan abstracto como excluyente, construido como sujeto neutro y universal, y, muchas veces, naturalizado hasta el punto de parecer no precisar mayores reflexiones» (Blanco, 2021: 269).

A pesar de que la hegemonía de lo masculino dificulta considerablemente ofrecer una definición de lo que se consideraría *normativo* para un hombre occidental de la época, hay una serie de atributos que, sin duda, podemos afirmar que influenciaban en gran medida en lo que la sociedad esperaba de la masculinidad a lo largo del siglo XIX. En primer lugar, es importante tener en mente que la masculinidad funcionaba de una forma excluyente, es decir, que el ser hombre (y, especialmente, el ser un hombre cisgénero y blanco) otorgaba una serie de privilegios y libertades al individuo de las que los demás miembros de la comunidad se veían inmediatamente excluidos (Aresti, 2018: 176). Otro de los factores que pueden ayudarnos a definir la masculinidad normativa decimonónica está directamente relacionado con los sucesos históricos del período. Así, las sucesivas revoluciones industriales promovieron una «nueva cultura basada en la industria y la vitalidad que enfatizaba [la necesidad] de una masculinidad resistente y activa» y que promovía, idealizaba y ensalzaba la idea del «hombre hecho a sí mismo» (o, en el inglés original, el *self-made man*), es decir, el industrialista cuya virilidad debía verse reflejada en su compromiso con el mundo público, con el trabajo, con los negocios y con la energía corporal (Bourrier, 2015: 2). Estos factores, además, se ven, como se ha indicado con anterioridad, debidamente reflejados en el cosmos del hogar decimonónico. La masculinidad tradicional reclamaba para sí aquellos espacios del hogar en los que la esfera pública podía ser admitida: el despacho, la *billiard-room* y, en definitiva, todas aquellas estancias de las que se veían excluidas las mujeres y en las que se podía conversar libremente de negocios y otros asuntos públicos.

De entre todos los mandatos androcentristas y patriarcales del siglo XIX, el más relevante es quizás –superando incluso a la exclusión social de cualquier otro tipo de individuo o de identidad, y a la idealización e imitación del concepto de *self-made man*– el que dictaminaba la posición superior del hombre como *paterfamilias*, es decir, como autócrata incuestionable de su hogar y de las personas que convivían con él, especialmente en relación con las mujeres de su familia y, en consecuencia, con su situación de poder absoluto y de encargado de la preservación y ampliación de la familia, como el principal agente sexual del entorno doméstico. Durante gran parte del siglo XIX, de hecho, la cultura popular, en consonancia con la ideología del *ángel del hogar* (y apoyada en gran medida por una serie de tratados influyentes de carácter médico), mantuvo la creencia de que las mujeres no poseían deseo sexual, siendo esto algo exclusivo de los hombres (Greven, 2018: 153). Esto, a su vez, reforzaba la idea de que el hombre debía ser el responsable de aumentar y multiplicar su familia a través del contacto sexual con su esposa. Esta idea encaja con la teoría sobre el «alineamiento» enunciada por Ahmed, que establece que la sociedad patriarcal se halla estructurada a través de líneas relacionales que marcan el poder y definen la dirección colectiva de dicha sociedad (2006: 29-30). En otras palabras, podemos entender el carácter del poder masculino en la sociedad decimonónica como si de un esquema de líneas se tratase. En el punto más alto de dicho esquema se sitúa el hombre, que, con las características que se le asocian, es el encargado de dominar la cultura, el ejemplo para todos los demás hombres y el que marca la dirección hacia la que todos los demás individuos se han de dirigir. En este esquema podemos imaginar que del hombre emana una línea vertical descendiente que le conecta con la mujer, de la que a su vez emanan otras tantas líneas verticales que la conectan, a su vez, con los hijos, los sirvientes, etc.

Esta jerarquización social, como ya hemos visto, condiciona la sociedad de tal forma que cada individuo se ve obligado (o, como diría Butler, *sujeto*) a seguir su propia línea: a desarrollar aquellas actividades o conductas que permiten que el esquema patriarcal de la sociedad decimonónica se siga reproduciendo *ad infinitum*, imponiendo sus valores y designios no solo en el presente, sino también en las generaciones venideras. Al situarse el hombre –y debemos recordar, una vez más, que nos referimos en este sentido al individuo que *performa* una masculinidad tradicional y que encaja con la idea de este término fomentada durante el período– en el punto álgido del esquema social, podemos entender que la dirección colectiva ensalza al hombre heterosexual, ya que esta posición le corresponde en gran medida por su capacidad para generar una línea de sangre que perpetue su legado y sus valores y los proyecte hacia el futuro (Ahmed, 2006: 38). Así, la cultura del XIX, regentada por la figura masculina tradicional, es eminentemente una cultura heterosexual y que entiende, por tanto, cualquier desviación masculina, cualquier alejamiento de las líneas verticales simbólicas que sitúan al hombre convencional como el autócrata de su propia familia, como una ofensa hacia sí misma, marcando a aquellos que se desvían de la heterosexualidad masculina como, precisamente, individuos «socialmente [...] desviado[s]» (Ahmed, 2006: 38).

No es sorprendente, pues, que en el siglo XIX, y especialmente su última etapa, en la que los discursos médicos y legales en torno a la sexualidad proliferaron y permearon la cultura popular, la homosexualidad masculina se percibiese como un peligro y una orientación hacia la vida que, más allá de suponer una contradicción a las enseñanzas morales o religiosas de la época, ponía, principalmente, en jaque el papel del hombre en la cúspide de la sociedad. La homosexualidad masculina finisecular no solo se veía, por lo tanto, como una serie de actos o de características individuales potencialmente amorales, se veía también, y de forma más importante, como un cuestionamiento de los valores que delimitaban la forma en la que un hombre debía actuar, como una clara oposición a los valores heteropatriarcales de los que la autoridad del hombre debía emanar. En este sentido, aquellos individuos masculinos que sentían atracción sexual o romántica por personas de su mismo género se enfrentaban a una situación que –como veremos más adelante– era completamente agresiva hacia ellos y buscaba, principalmente, silenciarlos o borrarlos de los esquemas sociales que según la opinión popular de la época podían llegar a corromper. De esta forma, la mujer del XIX y el hombre homosexual –si es que tal palabra puede aplicarse a un colectivo tan heterogéneo en la época– tenían una serie de realidades en común: mientras que la mujer se veía excluida de la esfera pública, el hombre homosexual no podía participar tampoco abiertamente de esta por miedo a ser identificado y castigado. Por tanto, ambos individuos veían las posibilidades de desarrollarse terriblemente disminuidas por las constricciones sociales de la sociedad, que lo dividía todo de forma binaria y que no admitía el cuestionamiento de dichos binarismos. Los espacios domésticos que buscaban confinar a las mujeres a una serie de actividades tampoco eran espacios seguros para aquellas personas que se considerasen disidentes de la heterosexualidad imperante, porque en virtud de su sexualidad no encajaban en ninguno de los aspectos domésticos tradicionales del siglo XIX.

No obstante, y tal y como ocurre en el caso de la feminidad, el estudio del artista vuelve a aparecer como un espacio liminal en el que los autores de la época interesados en este tema y en su relación con la masculinidad tradicional de la época pueden cuestionar, analizar e incluso criticar las formas convencionales en las que se entiende ser un hombre, y articular sus propios deseos a través de la libertad que un espacio que, como ellos, no pertenece claramente a ninguna esfera les confiere. Si Brontë y Hawthorne representan el estudio del artista como un espacio donde la mujer puede desviarse de la norma, adoptar roles que no solían ser asociados con ella y adquirir su propia orientación hacia la vida, lo mismo parece poder aplicarse a aquellos autores que no solo no se identifican con la masculinidad predominante de la época, con su necesidad de poner los negocios y la dominación por encima de todos los demás aspectos de la existencia, sino que además guardaban una cierta relación con uno de los aspectos que, por su cualidad subversiva, más preocupaba a aquellos que *performaban* una masculinidad tradicional: el deseo sexual o romántico hacia otros hombres. Aunque, indudablemente, numerosos autores que no encajaban con la normatividad sexual masculina de la época consiguieron de una forma u otra articular sus deseos a través de sus textos –de forma mayormente velada o simbólica–, pocos autores consiguen demostrar la importancia que un espacio propio puede tener para llevar a cabo dicha articulación, como el norteamericano (aunque naturalizado como británico) Henry James y el irlandés Oscar Wilde.

3.1. Henry James: *La musa trágica* (1890)

Las masculinidades partícipes de la disidencia sexual se vieron, como se ha comentado con anterioridad, ampliamente examinadas en la Europa finisecular. Los estudios de figuras eminentes en el área, como Karl Heinrich Ulrichs, Richard von Krafft-Ebin, o Edward Carpenter, ayudaron a articular, de forma positiva, las experiencias y vivencias de los hombres «invertidos», «uranistas» u «homosexuales». Con la llegada y aplicación en la mayoría de los países europeos, además, del Código Napoleónico, muchas de las leyes que condenaban la disidencia sexual desaparecieron o fueron transformadas en leyes más indulgentes y más alejadas de la moralidad cristiana. Por supuesto, esto no significó, ni mucho menos, que las represalias sociales o incluso civiles hacia los hombres que se «desviaban» de la orientación colectiva sancionada por la cultura heteropatriarcal disminuyesen drásticamente. En España, por ejemplo, la expresión «abusos deshonestos» (Vázquez y Clemison, 2011: 36) sustituyó en términos legales al delito de «sodomía», proveyendo a los juristas hispanos de un concepto que servía como cajón de sastre para castigar aquellas conductas sexuales moralmente condenadas en la época. Por tanto, podemos afirmar que, a pesar de los cambios legales y del creciente interés científico respecto a la sexualidad masculina, las vidas de los hombres homosexuales no cambiaron de forma radical en la Europa finisecular.

No obstante, un caso concreto en la historia de occidente merece especial atención por su adopción de políticas más regresivas y restrictivas de las que fueron adoptando otros países de su alrededor. En el Reino Unido, el Código Napoleónico nunca llegó a aplicarse, seguramente por la reciente enemistad entre Francia e Inglaterra, que condicionó gran parte de las relaciones internacionales de ambos países durante gran parte del siglo XIX. En su lugar, las leyes inglesas adoptaron una postura que condenaba de forma mucho más directa las relaciones sexuales o románticas entre hombres, ofreciendo así un gran contraste con las leyes de sus naciones vecinas. Aunque bien es cierto que, como se ha indicado con anterioridad, la aplicación del Código Napoleónico no supuso la desaparición de las conductas condenatorias o represivas hacia los hombres homosexuales, el Reino Unido es uno de los pocos países europeos que articuló de manera efectiva los miedos y las ansiedades causadas por la disidencia sexual masculina, hasta llegar a codificar dichos miedos en su código civil. Así, en 1885, la Casa de los Comunes del Parlamento británico aprobó el «1885 Criminal Law Amendment», más conocido de forma popular como la enmienda Labouchère, en honor al principal redactor de la enmienda en cuestión. Dicha enmienda establecía que cualquier hombre que cometiese en público o en privado un acto sexual con otro hombre (designados ante la ley en inglés como actos de *gross indecency*) podía ser condenado –sin necesidad de presentar pruebas físicas de dichos actos– a hasta dos años de prisión con labores forzadas (Fize, 2020: 2). La aprobación de esta ley causó, evidentemente, una ola de aprensión y miedo entre los hombres homosexuales de la Inglaterra victoriana. El hecho de que los actos penables pudiesen ser cometidos tanto en público como en privado y que no se requiriesen pruebas para demostrarlos aumentó drásticamente el número de chantajistas que buscaban beneficiarse de los deseos sexuales de dichos hombres (Fize, 2020: 5).

La enmienda Labouchère fue una respuesta directa a una serie de eventos con carácter sexual que la prensa sensacionalista británica presentó como escándalos. Casos como *The Dublin Castle Affair* (1885) y *The Cleveland*

Street Scandal (1889), en los que personajes eminentes de la sociedad victoriana se vieron envueltos en una serie de persecuciones legales debido a haber mantenido relaciones sexuales con otros hombres (Bristow, 2022: 20). La aprobación de la enmienda, no obstante, no frenó este tipo de escándalos, sino que más bien les dio un alcance mediático sin precedentes. En los años inmediatamente posteriores a la puesta en efecto de la nueva ley, una serie de escándalos directamente relacionados con la homosexualidad masculina obtuvieron la atención plena de la sociedad victoriana, entre ellos los casos de Getty *vs.* Farquharson (1893) y el de Edward de Cobain (1893), aunque, por supuesto, el caso más sonado de la época fue el que constituyeron los juicios celebrados contra el eminente crítico, ensayista y dramaturgo irlandés Oscar Wilde (1895). Estos casos no solo sirvieron para dar presencia (aunque de una forma negativa) a la existencia del deseo disidente entre hombres en la sociedad victoriana, también sirvieron para crear una especie de pánico entre los hombres homosexuales –o *queer*– de la época, que vieron cómo súbitamente su orientación sexual se convertía en un tema de (aún mayor) escarnio público y en una posible condena jurídica de extremas consecuencias (Martin y Piggford, 1997: 12; Haralson, 2023: 19).[1]

---

[1] Es importante establecer en este punto las razones sociales y académicas que me llevan a usar, en ocasiones, la palabra *queer* en esta sección del volumen de forma casi intercambiable con otras expresiones similares como *homosexualidad masculina, hombres que sienten atracción hacia otros hombres*, etc. El principal motivo es que la crítica contemporánea, a pesar de las objeciones presentadas por algunos investigadores, parece haber consensuado que la palabra *queer*

Ante esta situación de ansiedad, pánico y represión judicial, exacerbada en gran medida por la condena máxima impuesta a Wilde, el autor norteamericano Henry James (que, no obstante, pasó gran parte de su vida en el Reino Unido y acabó naturalizándose como sujeto inglés) expresó, en una carta a su íntimo amigo, el también escritor Edmund Gosse, su preocupación en relación a los efectos de la enmienda Labouchère en los siguientes términos: «Estos son tiempos en los que la modestia de uno se encuentra asediada y expuesta en muchos sentidos, y uno ha de estar agradecido por cada velo bajo el que pueda ocultarse rápidamente» (James, 1984: 12).[2] James articula, en otras palabras, el miedo que empezó a permear de forma insistente la existencia de todo hombre *queer* en la Inglaterra finisecular: la necesidad de esconderse, de ocultar con una pátina de masculinidad tradicional cualquier

---

puede tener un uso retroactivo, en el sentido de que puede ser utilizado como una etiqueta válida bajo la que categorizar las disidencias sexuales de la heteronorma incluso cuando nos referimos a la vida de personas que vivieron antes de que se acuñara el término. Esto queda demostrado en el creciente número de volúmenes, publicaciones, tesis y ensayos que usan el término de forma libre para hacer referencia a la experiencia homosexual a lo largo de los siglos (como son las obras aquí empleadas de Friedman, Haralson, o Stevens). Por otro lado, el uso de la palabra *queer* nos ofrece una forma de hacer referencia a la disidencia sexual del pasado sin tener que utilizar la terminología de la época que, por lo general, tiene connotaciones extremadamente negativas por su relación con la moralidad o la religiosidad de entonces, evitando así palabras tales como *sodomita* o *invertido*.

[2] «These are days in which one's modesty is, in every direction, much exposed, and one should be thankful for every veil that one can hastily snatch up».

atisbo de sospecha que pudiese inducir a otros a pensar que un hombre pudiese mantener relaciones sexuales o desear románticamente a otro hombre. Esto, al igual que el meticuloso análisis y seguimiento que James llevó a cabo con respecto al juicio de Wilde, así como muchas otras circunstancias de su vida, nos lleva a pensar que el interés de James por el tema sobrepasaba los límites de su curiosidad intelectual y estaba más relacionado con su propia orientación personal. Aún hoy en día, más de cien años después de la muerte de James, su sexualidad sigue siendo debatida e inspeccionada en los ámbitos académicos. Este debate, que busca establecer si el autor sentía atracción por otros hombres o no, es, de todo punto, infructuoso, puesto que a no ser que se produzca algún tipo de descubrimiento archivístico o epistolar que haya pasado desapercibido hasta ahora, es imposible establecer a ciencia cierta de qué tipo de orientación sexual participaba James. Si bien es cierto que muchas de las cartas escritas a otros hombres que se conservan del autor –y especialmente aquellas dirigidas a su posible amante, el escultor noruego-americano Hendrik Christian Andersen (1872-1940)– sugieren una clara atracción homoerótica por parte de James, estas misivas no constituyen ningún tipo de evidencia definitiva para un debate que, por otro lado, no tiene mucho sentido si consideramos que la temática de las obras de un autor deben tener más peso que la biografía de este –como sugirió Roland Barthes en su archiconocido ensayo *La muerte del artista* (1967)–.

Y es que, a pesar de las incertidumbres biográficas que rodean a la orientación sexual de Henry James, lo que está claro, por encima de cualquier tipo de duda, es que sus obras se han leído a lo largo de los últimos años a través de un prisma marcadamente *queer*, es decir, como textos que, de una forma u otra, han contribuido a articular el deseo homosexual en la Europa occidental del siglo XIX sin llegar a exponer dicho tema de una forma directa. A tal respecto, importantes críticos especializados en la obra de James o en la literatura finisecular, por ejemplo, Hugh Stevens, Eric Haralson, Richard Ellmann o Patricia Pulham, han leído las obras de James como textos *queer* por sus ambigüedades eróticas, sus elipsis cargadas de significados, sus contextos estéticos e históricos y por las claras referencias a temas homoeróticos (Stevens, 1998: 7-14) en novelas como *Roderick Hudson* (1875) o la *Princesa Casamassima* (1886). En mi opinión, no obstante, una de las novelas del autor que mejor refleja su sensibilidad *queer*, y que con mayor éxito consigue articular la difícil posición del deseo disidente masculino en el siglo XIX, es *La musa trágica*, en la que el estudio del artista juega un rol de gran importancia a la hora de ilustrar los muchos obstáculos a los que se enfrentan aquellas orientaciones masculinas que difieren de la dirección colectiva del heteropatriarcado decimonónico. A fin de cuentas, y como bien ilustra Michael Anesko en su *Henry James and Queer Filiation* (2018), James vivió rodeado de (o, en todo caso, orbitando en torno a) un grupo de pensadores y artistas *queer* que expresaban, a través de su arte, su disidencia erótica. Escritores, escultores, arquitectos, pintores y músicos como John Borie, Victor Beigel, John Singer Sargent, Robert Allerton, Hugh Walpole, Edmund Goose, John Addington Symonds, Alexander Robertson James, Frederick Demmler y Hendrik Christian Andersen son solo unos cuantos de los artistas cuyas vidas se entrelazaron en un momento u otro con la vida de James y que, de forma más o menos directa, configuraron una red sorprendentemente abierta de afinidades no solo *queer*, sino también en general, de afinidades con hombres que no vivían estrictamente de acuerdo con las reglas de la masculinidad tradicional (Anesko, 2018: vii). El trabajo de Anesko demuestra, pues, lo que a fin de cuentas ya señaló Eric Haralson: que Henry James vivió en constante contacto con la disidencia masculina, y que su actitud hacia esta se volvió cada vez más y más abierta y comprensiva (2018: 58).

Teniendo en cuenta la relación de estos artistas con el autor, no es quizás de extrañar que *La musa trágica* aborde los roles de género y sexuales masculinos y su relación con la sociedad hegemónica victoriana a través de las posibilidades que ofrece el estudio del artista como espacio liminal entre las esferas masculina y femenina. La novela relata el dilema moral al que se enfrenta su protagonista, Nick Dormer, que ha de elegir entre seguir los pasos de su padre –y las expectativas familiares– y convertirse en un miembro del Parlamento británico o dedicarse a su verdadera vocación: la pintura. En esta dicotomía entran en juego, por supuesto, las presiones sociales asociadas con la masculinidad tradicional de la época que se han discutido previamente. Como se ha señalado, un factor que condicionaba en gran medida dicha idea de masculinidad era la «proactividad» del hombre, su voluntad de participar en la esfera pública y adquirir un papel predominante en la sociedad. Por tanto, la reticencia de Nick a adoptar un papel clave en la política victoriana se entiende como una crítica por parte de James al hombre normativo, a la «masculinidad política» que empujaba a los hombres a ver ciertas profesiones como superiores a otras en base a la relación que estas tuviesen con la esfera pública (Haralson, 2023: 72). Podemos decir, además, que la crítica que James realiza sobre la masculinidad en *La musa trágica* no pasó desapercibida a los ojos de sus contemporáneos. De hecho, las primeras reseñas de la novela dejan bien claro el descontento público que esta inspiró al cuestionar lo que se consideraba el deber masculino de llevar a cabo labores productivas –entre las que, por supuesto, no se contaba la pintura (Haralson, 2023: 56)–. Un claro ejemplo de este descontento general es la reseña publicada en *The Dublin Review* poco después de la publicación del libro, que señalaba que Nick Dormer es «una criatura despreciable con propensiones estéticas, que deja de lado una carrera prometedora en la política para desperdiciar su tiempo ante un caballete» (citado en Horne, 1995: xxii).[3]

Se puede afirmar, por tanto, que los lectores contemporáneos captaron la crítica de James y que esta, además, no fue de su agrado. De hecho, la forma en la que James aborda el tema en la novela va más allá de ser una simple crítica a la masculinidad tradicional, y en ocasiones también llega a señalar directamente la potencial sexualidad no normativa tanto del protagonista como de su íntimo amigo, Gabriel Nash. Los estudiosos de la obra parecen haber consensuado que Nash es una caricatura directa de Oscar Wilde, ya que, al igual que el autor irlandés, Nash aboga a lo largo del texto por la importancia del estilo sobre el contenido en una obra de arte (Haralson,

---

[3] «a contemptible creature with aesthetic proclivities, who throws up a promising parliamentary career to potter over an easel».

2023: 54). Además, su forma de expresarse es una clara
referencia a las ingeniosas ocurrencias de Wilde, que tan
famosas siguen siendo hoy en día. Aparte de representar
a Wilde, Nash también es uno de los elementos decisivos
que llevan a Nick a dejar de lado su carrera parlamentaria
para decidirse, finalmente, a «desperdiciar su tiempo ante
un caballete». El proceso por el cual Nick llega a esta
decisión –dejando así de lado las exigencias de la masculinidad tradicional y abrazando una profesión considerada
inferior– está, además, fuertemente influenciado por la
representación que James hace del estudio del pintor, un
espacio en el que Nash se mueve de forma libre y ejerce
su influencia para que Nick tome dicha decisión.

Desde un primer momento, James nos presenta a Nick,
para enfatizar todos los pormenores sociales que acarrea
su decisión, como un ejemplo de la masculinidad ideal de
la Inglaterra victoriana. Así, Nick se nos presenta como
«un hombre joven, delgado, fuerte, de rasgos inteligentes, con la nariz recta y el pelo castaño claro», de una
inusitada «estolidez» y, quizás más importante, como la
representación «de lo contemplativo y de lo muscular»
que la masculinidad tradicional tanto valoraba (James,
1993: 12-13). Aparte de sus características físicas, Nick
también se relaciona con el ideal masculino de la época
por su situación social y laboral. Hijo de un padre político
y responsable directo del bienestar económico de su madre
viuda y de sus dos hermanas solteras, Nick lleva sobre
sí la carga que supone ser un hombre en el siglo XIX: la
necesidad de practicar una profesión que genere ingresos
y le permita preservar e incluso aumentar el estatus social
heredado de su difunto padre. James, además, dota a Nick
de las herramientas para alcanzar la misión que su género

le impone. Julia Dallow, una joven viuda con una gran fortuna, le ofrece a Nick su inconmensurable influencia y una importante cantidad de su dinero para que este sea elegido como el representante parlamentario de Harsh, la provincia en la que mrs. Dallow reside. Bajo este ofrecimiento se esconde, por otro lado, la promesa de que, si Nick gana la elección y mantiene su cargo como miembro del Parlamento, Julia se casará con él; algo que, desde un principio, Nick anhela apasionadamente. Parece, por tanto, que nada puede impedir que Nick cumpla con su destino y se convierta en el ideal de la masculinidad de la época, en el *paterfamilias* que, además de ejercer control sobre su propia casa, también lo ejerce sobre la sociedad en general.

No obstante, Nick difiere de la dirección colectiva marcada por los ideales de género decimonónicos en un importante detalle: a pesar de ser consciente de que su vida se vería orientada de una forma normativa si siguiese las expectativas de aquellos que le rodean, Nick realmente aspira a convertirse en pintor, siendo esta su verdadera pasión y el verdadero aliciente que le lleva a apreciar la vida. Pronto, esta predilección por la pintura le trae problemas en su sosegada y aparentemente idílica existencia varonil. En primer lugar, su madre, que empieza a sospechar que Nick se encuentra indeciso entre seguir la línea marcada por lo convencional y dedicar su vida al mundo de lo estético, le suplica que no se salga de dicha línea: «actúa en consecuencia y no mezcles cosas que son tan contrarias y se hallan tan alejadas entre sí como los dos polos» (James, 1993: 182). En un esfuerzo desesperado por conseguir que su hijo deje atrás sus aspiraciones artísticas y actúe como un hombre «grande» (1993: 184), mrs. Dormer le recuerda a su hijo las ventajas de no salirse del camino establecido: «Si te gusta tanto el arte, ¿qué arte es comparable a todo esto? ¡El placer de vivir rodeado de él, de ver las más grandes obras todos los días! Tendrás todo lo que el mundo puede ofrecer» (1993: 185). En otras palabras, la madre de Nick le recuerda, aprovechando que ambos están juntos en la casa suntuosamente decorada de Julia, que si cumple con las expectativas sociales, si se convierte en un miembro del parlamento y se casa con Julia, podrá tener el dinero necesario para comprar todas las piezas de arte que desee y, además, se verá recompensado con el estatus social reservado para los hombres de clase alta que cumplían con los roles de género tradicionales de la época, un estatus que le da acceso al privilegio masculino de tener «todo lo que el mundo pueda ofrecer».

La tentación de abandonar el arte que mrs. Dormer pone delante de su hijo se ve complementada por el ultimátum que la propia Julia le hace más adelante:

> Debes llegar a ser un hombre muy grande […] *soy* ambiciosa […] [has de] [h]acer todo lo que puedes y debes […] todo lo que concibo, todo aquello con que sueño. Eres inteligente […] ¡No digas nada! He visto, he oído, y sé lo que hay en ti. Te lo restregaré toda tu vida. *Eres* todo lo que finges que no eres (1993: 202, énfasis en el original).

En otras palabras, Julia, marcada también, inevitablemente, por los roles de género tradicionales de la época que ya hemos analizado en el capítulo anterior, solo concibe la posibilidad de desarrollar sus ambiciones a través de las de su marido. Anhela que Nick, como su segundo esposo, consiga una posición de poder para ella poder satisfacer, de forma vicaria, su necesidad de figurar de alguna forma en el mundo político de su época. Para ello, James la retrata como una persona manipuladora, ya que cuando le reprocha a Nick que es «todo lo que finge» no ser, el lector o lectora ya sabe de antemano que en realidad cuando Nick finge, cuando vela su verdadera identidad y sus verdaderos deseos, es cuando actúa siguiendo las líneas convencionales y que su verdadera orientación vital y profesional está enfocada en la pintura y en un estilo de vida que poco o nada tiene que ver con lo convencional o con lo doméstico.

En este punto de la novela, de hecho, es cuando James nos ofrece una exploración detallada del espacio que Nick realmente considera su vivienda, del espacio en el que puede ser él mismo al margen de las expectativas sociales: su estudio. Así, cuando tanto mrs. Dormer como Julia dejan a Nick solo tras sus respectivos ultimátums, este corre a refugiarse en el estudio que posee en Londres y, tras la «confusión de sentimientos» que estas conversaciones le han inspirado, encuentra allí un gran sentimiento de alivio, de «liberación y de gozo» (1993: 282):

> El estudio presentaba un aspecto mustio y abandonado y polvoriento, y los viejos bosquejos, conforme los fue descubriendo después de revolverlo todo, le parecieron aún más toscos que la última vez que se había venturado a ponerles la vista encima. Pero en medio de estos papeles maltrechos y repudiados […] se sentía más en posesión de su propia alma. Era una frivolidad y una irresponsabilidad, era una puerilidad desperdiciar horas preciosas en pequeñeces manejando los vanos artilugios de un arte al que había renunciado formalmente […] Era, entre todos los lugares del mundo, aquél donde se sentía más inaccesible a sus electores. Esto constituía parte del placer: la

conciencia de que por el momento no había moros en la costa y su mente estaba libre. Su madre […] no hubiese podido estorbar ni aunque hubiese querido (1993: 283).

Este pasaje es de una clara relevancia para este estudio, pues demuestra sin ambages hasta qué punto la liminalidad del estudio del artista hace de este espacio un lugar liberador que permite experimentar una reorientación hacia la vida. Nick, a pesar de haber renunciado formalmente a ser pintor, se siente libre en un espacio que podría entenderse como un umbral entre el cosmos que conforma la sociedad hegemónica victoriana y su propio cosmos; un espacio donde las marcadas reglas de la masculinidad tradicional no se aplican y en el que, por tanto, puede dejar de seguir las líneas que, como Ahmed indica, marcan la dirección que ha de seguir un hombre en el siglo XIX y desviarse hacia otros caminos menos explorados que no están contemplados en el itinerario de la dirección colectiva. Aunque Nick siente cierto remordimiento por «desperdiciar horas preciosas» –rastro, sin duda, de la forma brutal en la que los individuos de la época se encontraban sujetos a los mecanismos de poder que marcaban sus roles–, también siente que, en el aislamiento que su estudio le proporciona, su mente está «libre» y puede, por una vez, dedicarse a su auténtica pasión. En este sentido, el estudio del artista conforma en esta novela, a diferencia de en *La inquilina de Wildfell Hall* y en *El fauno de mármol*, una puerta a través de la cual el hombre puede conectar con sus propias emociones y sentimientos, una ventana a la esfera privada tal y como en los otros textos el estudio era una ventana a la esfera pública para las protagonistas. La «santidad» de este espacio para Nick, su carácter de refugio de lo público, se ve confirmado cuando el narrador nos explica que su protagonista llega incluso a dormir en esta estancia (rompiendo claramente el esquema doméstico decimonónico) y que se niega a recibir correspondencia en ella (James, 1993: 284).

James utiliza este espacio, además, para completar su crítica hacia los roles de género tradicionales asociados con la masculinidad decimonónica, haciendo que sea en él donde Nick termine renunciando a sus impostadas aspiraciones políticas y decida dedicar su vida a la pintura. Para hacer esto, James introduce en el estudio la figura de Gabriel Nash, quien, dejando a un lado los primeros capítulos de la novela, solo aparece en el estudio como si de una parte de la conciencia de Nick –aquella que le tienta a despreciar las convenciones y las recompensas de seguir el camino marcado– se tratase. Así, cuando Nash aparece por primera vez en el estudio (en el mismo capítulo en el que el narrador nos introduce a este espacio), este «extraño camarada» (1993: 47),[4] tras declarar, de una forma bastante wildeana, que su único objeto en la vida es «vivir», exige que Nick le muestre todos los cuadros que ha pintado hasta la fecha (1993: 287). Es entonces cuando se informa al lector por primera vez de que Nick, además

---

[4] Nótese que en el inglés original la expresión utilizada es *queer comrade* (1995: 49). Aunque aún hoy existe un intenso debate sobre el uso que se le daba a esta palabra en la época, Haralson nos advierte de la posibilidad de que ya para algunos de los lectores de James tuviese una connotación relacionada con la sexualidad disidente masculina (2023: 70), algo que debe ser tenido en cuenta cuando analizamos el impacto de Gabriel Nash y el estudio del artista en la novela que nos concierne.

de querer dedicarse a la pintura, tiene un gran talento para dicha profesión. Nash advierte al protagonista, de forma jocosa, que «en cuanto a magnitud de inmoralidad creo que nunca he conocido a quien te iguale» (1993: 288), pues, siguiendo de forma irónica la parábola bíblica de los talentos, declara que es un gran acto de inmoralidad que Nick no se dedique a la pintura de forma exclusiva, habida cuenta de su talento:

> Es un deber ser lo que uno es capaz de ser: serlo con plenitud y eficiencia […] Hace un rato, te he llamado magnamente inmoral a causa del espectáculo que ofreces, un espectáculo que hay que ocultar de las miradas de los niños puros e inocentes: el de un hombre que reniega de su propio violín para hacer desatinos con el de uno de sus congéneres. No podemos permitirnos errores semejantes, no podemos tolerar tal descarrío (1993: 289-290).

Este monologo constituye, junto con el fragmento expuesto en el párrafo anterior, la joya de la corona de la crítica de James hacia la masculinidad convencional decimonónica, uno de los más claros ejemplos de la forma en la que el autor se dedicó, a lo largo de su carrera, a cuestionar la masculinidad moderna y la política sexual que la regía (Haralson, 2023: 137). Nash es el único personaje que va en contra de los argumentos expuestos por la madre de Nick y por Julia, advirtiéndole de que el auténtico «descarrío» sería no aprovechar sus talentos y fingir que es alguien que no quiere ser. El uso de la palabra *descarrío*, además, es cuando menos interesante, en tanto que nos permite realizar una conexión directa con las teorías de Sara Ahmed. Pues, como hemos indicado con anterioridad, «[s]i se usan más los mismos caminos, hay menos caminos disponibles para usarse. [...] Se pueden crear otras [sic] caminos mediante el uso: el uso no hace imposible la desviación. La desviación es difícil. La desviación se hace difícil» (2019: 67). Es decir, desde la perspectiva fenomenológica adoptada por Ahmed, el hecho de que un «camino» (que puede entenderse como una orientación vital, como una forma de vivir la vida) sea el más recorrido, el que más gente adopta y sigue, no quiere decir que no existan otros «caminos», solo que estos son mucho más difíciles de seguir. Y esto es, precisamente, el *quid* del dilema que sufre Nick: ¿debe seguir el camino más transitado, el que tanto los otros personajes de la novela como los propios lectores y críticos de esta pensaban que era el indicado para un hombre en su situación, o, por el contrario, ha de crear su propio camino, desviarse de lo socialmente aceptado y forjar una senda menos transitada pero más afín a su individualidad? Nash nos permite ver este dilema desde otra perspectiva, al posicionarse de forma opuesta al resto de los personajes y declarar que el «descarrío» sería seguir el camino lineal marcado, en vez de dedicarse a la pintura. Este personaje pone boca abajo todo el sistema social victoriano al dar prioridad a las orientaciones personales de un personaje ante las orientaciones marcadas por toda su sociedad. Nash es en sí, y en su discurso, un mecanismo de reorientación que expone cómo la posibilidad de «cambiar de dirección y de encontrar otros caminos» puede llevarnos a descubrir «un espacio común, donde podamos responder con alegría a lo que se queda al margen» (Ahmed, 2006: 243).

El prototipo de este espacio común en *La musa trágica* es, sin duda, el estudio del artista. No solo porque es el espacio particular en el que Nick puede «responder con alegría» a la realidad que se queda al margen de la dirección colectiva de su sociedad, o porque sea el espacio en el que Nash se materializa para reflexionar sobre cómo la masculinidad tradicional puede ahogar la posibilidad de encontrar nuevos –y más satisfactorios– caminos para los hombres de la época, sino porque también es un espacio de liberación, en tanto que sirve como escenario para discutir todos aquellos temas que son imposibles de discutir en cualquier otro tipo de espacio social victoriano. En una demostración bastante contraria al usual estilo prosaico de James, un capítulo de la novela trata abiertamente de temas como la moralidad sexual de las actrices, los celos, el valor del arte sobre la política e incluso sobre la mujer como artista (1993: 337-348). Es de esperar, pues, que James, consciente del desagrado que su representación del estudio del artista podía llegar a evocar en sus lectores conservadores, decidiese representar también dicho desagrado en aquellos de sus personajes que más se adhieren a lo convencional y que más critican la forma en la que Nick, sutilmente, pero de forma constante, va abandonando la política en pos de dedicarse al arte: «El estudio le pareció malsano y sórdido [...] [con] su polvorienta falta de sentido» (1993: 399). Este juicio bien podría entenderse como una premonición por parte del autor de la forma en la que la crítica iba a acoger su novela, ya que «malsano», «sórdido» y «falto de sentido» podrían perfectamente haber sido las palabras que los revisores le dedicaron a Nick por su decisión de desviarse, de descarriarse, de la masculinidad tradicional.

Pero, como se ha señalado con anterioridad, la representación del estudio del artista en *La musa trágica* no es solo una crítica a los binarismos de género que confinan al hombre a la esfera pública (y, además, a los espacios públicos de la vivienda). James va un paso más allá y, de forma sutil, pero reconocible para los lectores contemporáneos, hace que en este espacio no solo su protagonista se reoriente hacia una nueva perspectiva de la masculinidad, sino que también parece delinear, con sumo cuidado y haciendo uso de la ambigua prosa que tanto le caracteriza, lo que bien podría entenderse como la experiencia de muchos hombres homosexuales o *queer* que, como aquellos que componían su círculo más íntimo, cubrían con velos su verdadera forma de sentir en una sociedad que encomiaba hasta la saciedad el rol del hombre como padre y esposo. Así, hay un punto del relato, cerca ya del final, en el que Nick se ofrece a pintar el retrato de Gabriel Nash en su estudio. El espacio del estudio parece usarse aquí para poder observar con detenimiento a una figura que, como se ha comentado con anterioridad, ha sido identificada en numerosas ocasiones con la de Oscar Wilde y que, además, se considera también una especie de personaje *protoqueer*, en tanto que encarna muchas de las características que pronto se verían asociadas con la homosexualidad masculina (Haralson, 2023: 70) y de las que James, en virtud de su círculo, de sus cartas y de su creciente comodidad para mostrar su afinidad sentimental hacia otros hombres a lo largo de la década de 1890 (Mendelssohn, 2007: 119; Moon, 1998: 37-8), era consciente. Mientras que en cualquier otro contexto este personaje parece no encajar –repudiado tanto por el mejor amigo de Nick (que, en un caso, exclama, con desprecio, que sabe «de qué va la cosa» cuando le preguntan por su opinión de Nash (1993: 422)), como por su familia y por Julia– en el espacio liminal constituido por el estudio del artista, donde las normas convencionales no se aplican, encontramos una descripción directa de este personaje *protoqueer* a través de la mirada artística de Nick:[5]

> Gabriel consintió en posar [...] Nick se prometió encontrar un gran interés en este experimento; pues desde el primer instante había comenzado a parecerle que en verdad, hasta ahora, en comparación con el escrutinio a que lo sometía en este momento, nunca había mirado con algún detenimiento a su amigo. Al principio había sido su impresión que Nash tenía una cabeza de más que suficiente categoría como para constituir un reto [...] Dicha impresión no se vio desmentida, pero la cuestión global se transformó en algo más complejo. A nuestro muchacho le pareció que nunca había *visto* anteriormente a su modelo [...] Lo que se le reveló ahora fue la dificultad; lo que vio fue su elusividad y su indefinición. Había dado por supuestos elementos que literalmente no estaban allí, y halló elementos allí (sólo que no supo

---

[5] Merece la pena tener en cuenta que, en la versión original inglesa, la expresión empleada es «I know the sort!» (1995: 361). Esta frase tiene más connotaciones que su traducción al español, en tanto que James parece sugerir que existe un *sort*, es decir, una «categoría» de personas entre las que Gabriel Nash encaja y que, además, posee los atributos necesarios para ser identificado por los demás personajes como alguien que pertenece a dicha categoría. Teniendo en cuenta las similitudes entre Nash y Wilde, la reciente aprobación de la enmienda Labouchère y la cantidad de escándalos sexuales relacionados con la homosexualidad que fueron publicitados por la prensa durante el período de composición de *La musa trágica*, podemos confirmar que el personaje tiene, al menos, una conexión indirecta con la forma en la que la sociedad estaba empezando a categorizar la homosexualidad masculina.

plasmarlos) que hasta la fecha no había advertido. [...] Su modelo estaba incómodo, al principio vagamente y luego nítidamente: callado, inquieto, lóbrego, ofuscado, como si, una vez llevado a la práctica, le hubiese resultado un placer en mucho menor cuantía eso de ser infinitamente examinado y manipulado, sondeado y cribado (1993: 556-7, énfasis en el original).

De este fragmento podemos concluir que el estudio del artista, en su habilidad para trascender límites sociales, también permite articular a los autores ciertos pensamientos que quizás hubiesen resultado difíciles de expresar en otros escenarios narrativos. Gracias al análisis que Nick lleva a cabo para poder retratar a Nash, podemos deducir que, por ejemplo, este personaje se muestra elusivo, cambiante, imposible de definir: sus contornos parecen desdibujarse y realinearse de tal forma que no encajan con precisión en las ideas preconcebidas de Nick. Además, queda patentemente claro que Nash no se muestra cómodo o abierto a que se le escrudiñe y se le analice con detenimiento.

Tanto la dificultad para definir a Nash como su incomodidad ante los intentos de otros por definirle pueden ser leídos como una metáfora de la situación de aquellos hombres que, de una forma u otra –ya sea de manera erótica o meramente social–, no querían, podían o deseaban conformarse con las reglas de la masculinidad tradicional. Si bien a lo largo del siglo XIX, como vimos al principio de este capítulo, se constituyó un sistema (incluso un «tipo de sensibilidad») que buscaba, a través de «campos muy diversos tales como la Medicina Legal, el movimiento higienista, el mundo literario y los discursos sobre la nación», definir cómo debía ser el hombre ideal en su contexto cultural y sexual (Vázquez y Clemison, 2011: 18), y a través de este sistema se llegó a relacionar de forma directa al hombre biológico con el poder y la dominación, personas como Wilde, James, su círculo íntimo o personajes literarios como Gabriel Nash se mostraban, evidentemente, reacios a participar de este sistema *categorizante*, por no compartir todas las características alabadas y establecidas en esos campos como pertenecientes al hombre ideal de la época. La *elusividad* de Nash, en otras palabras, puede verse como un reflejo de lo difícil que era para los mecanismos de poder de la época clasificar a aquellos hombres que se salían de la trayectoria social marcada, y también puede verse como su incomodidad al verse retratado como el propio rechazo que estos hombres sentían ante la posibilidad de ser clasificados de acuerdo con dichos mecanismos, que solo reconocían como positivos aquellos trazos identitarios relacionados con su idea de cómo un hombre debía actuar, y rechazaban todos los demás como perversiones o degeneraciones del individuo.

Por lo tanto, considerando todos estos aspectos, cabe afirmar que, a pesar de que nunca sabremos con seguridad qué tipo de orientación sexual se aplicaba a la figura de Henry James, debemos considerarle seriamente, como ya desde el siglo pasado vienen insistiendo críticos como Hugh Stevens, como un autor *queer* (1998: 61): no solo por sus representaciones de personajes o situaciones, que están directamente relacionadas con elementos homoeróticos (que pueden encontrarse en muchas de sus novelas y relatos, como *Roderick Hudson* (1875) o *El autor de Beltraffio* (1884)), sino también por su manera de retratar la vida de aquellos hombres que se salían de la masculinidad tradicional y cuestionaban los valores heteropatriarcales del siglo XIX, poniendo en el punto de mira todo el sistema de división de géneros de la cultura victoriana. Debemos también tener en cuenta cómo James consigue llevar a cabo este tipo de representación –de forma más evidente en *La musa trágica*, pero también en los textos nombrados con anterioridad– mediante la inclusión en sus obras del estudio del artista como un espacio donde la disidencia puede ser articulada. White comentaba, en referencia a la experiencia femenina en relación con el estudio del artista, que el hecho de reclamar este espacio es un «acto político» a través del cual las autoras podían expresar algunas de sus inquietudes sociales. Podemos aplicar esta misma afirmación a la obra de James, en la que el estudio del artista es también un acto político, en tanto que permite al hombre disidente expresar algunas de *sus* inquietudes sociales (2005: 15). El dilema de Nick plasma claramente la necesidad de poseer un espacio propio en el que el individuo, independientemente de su género y de su predilección sexual, pueda articular aquellos aspectos de su identidad que las orientaciones convencionales, las direcciones colectivas de una sociedad, ignoran. James, consciente de las limitaciones impuestas sobre cierto tipo de orientaciones, crea para sus personajes espacios donde estas tengan cabida (Stevens, 1998: 115). El estudio del artista en *La musa trágica* es un elemento digno de consideración, ya que permite al lector contemplar de forma directa hasta qué punto la posesión de un espacio que logra evadir las jerarquías decimonónicas puede utilizarse en la literatura de la época para que el autor pueda guiarnos hacia una nueva perspectiva que contempla la posibilidad de que existan otros tipos de masculinidades en una época en la que el género se encontraba estructurado de una forma rígida e intransigente. Si, como indica Ahmed, «[a] veces tienes que moverte para generar espacio» (2019: 301), está claro que James, a través de las temáticas narrativas que el estudio del artista le presta a su obra, consigue mover nuestra atención hacia un área que, desde luego, necesita más «espacio»: el estudio de las masculinidades disidentes en el siglo XIX.

3.2. Oscar Wilde: *El retrato de Dorian Gray* (1890)

Hablar de masculinidades disidentes en el siglo XIX conlleva, invariablemente, la necesidad de mencionar al famoso escritor irlandés Oscar Wilde. Y si nos centramos, más específicamente, en el rol que el estudio del artista jugó en la prosa de Wilde para articular su propia orientación hacia lo masculino, tenemos que prestar atención a su *opus magnum* narrativa, *El retrato de Dorian Gray*.[6] No en vano, Joseph Litvack ya señaló que la única novela de Wilde y

---

[6] A diferencia de las otras obras literarias que se analizan en este volumen, *El cuadro de Dorian Gray* cuenta con numerosas ediciones y traducciones al español hoy en día. Por ello, me gustaría indicar que he seleccionado – de forma consciente, por su accesibilidad a los lectores – la edición de Cátedra que, curiosamente, traduce el título de la novela del inglés original como *El cuadro de Dorian Gray* en vez de seguir la traducción más común: *El retrato de Dorian Gray*. Me ha parecido que esta traducción respetaba, en mayor medida, como indica el autor del aparato crítico que acompaña a la edición, las intenciones tras el título de la obra de Wilde, en la que el propio Dorian Gray prefiere referirse a su representación pictórica como *cuadro* en vez de como *retrato* para así, presuntamente, reducirla a un

La musa trágica tenían mucho en común, siendo la obra de James una suerte de acto preliminar a lo que meses más tarde conseguiría ilustrar Wilde en su texto (1992: 274). No obstante, mientras que Litvack presta atención de forma casi exclusiva a lo que él denomina la *teatralidad* de ambas obras, su comparación pasa por alto de forma completa el papel que la representación del estudio del artista juega de forma común en ellas. Debemos recordar, a fin de cuentas, que la historia que Wilde nos ofrece en *El retrato de Dorian Gray* da comienzo en el estudio artístico del pintor Basil Hallward, y que es allí, entre esas cuatro paredes, donde la doctrina de la novela aparece reflejada por primera vez, y donde Dorian, además de hacer su peculiar (e involuntario) pacto con unas fuerzas sobrenaturales indefinidas, empieza a ser inexorablemente corrompido por lord Henry Wotton. No obstante, para poder entender la forma en la que la representación del estudio del artista es importante en esta obra, hay una serie de consideraciones que debemos tener en cuenta.

En primer lugar, debemos contextualizar la fama de Wilde en su época, y entender cómo de íntima era su relación con el mundo del arte del siglo XIX. Hoy en día, como bien ha indicado Dustin Friedman, es fácil malinterpretar el contexto biográfico de Wilde debido a su estatus de *mártir gay*, un estatus que adquirió a lo largo del siglo XX y, más específicamente, debido a las lecturas sentimentalistas que se hicieron de su figura con la aparición de los estudios gais en la década de 1980 y 1990 (2019: 91-2).

---

objeto material y no contemplarla como una siniestra metáfora de su alma (Míguez, 2018: 61).

No obstante, esta concepción se basa principalmente en la condena que Wilde recibió tras los juicios de 1895 y su consecuente caída en desgracia, ignorando en gran medida la forma en la que Wilde consiguió, durante los años previos a los juicios e incluso antes de convertirse en un dramaturgo de éxito en la escena decimonónica europea, construir una fama y una reputación aceptadas por la sociedad basada en su relación con el mundo del arte. Wilde, al igual que otros eminentes hombres homosexuales de su época, recibió una exquisita educación en arte, filosofía y literatura clásica, de la que aprendió no solo el lenguaje de la academia victoriana, sino también que el arte podía ser manipulado y utilizado para articular sus deseos eróticos de una forma velada e incluso aceptable. Como Linda Dowling estableció, Wilde pertenecía a un grupo de hombres privilegiados (entre los que se incluyen figuras de gran peso en el campo de la historia homosexual, como John Addington Symonds o Edward Carpenter) que, a través del énfasis prestado a los estudios clásicos en el sistema universitario británico, aprendieron –en contra, seguramente, de lo que dicho sistema pretendía– a referenciar sus propios deseos a través del vocabulario del arte y de los temas que se tratan en las obras clásicas (1994: 36, 66-85). Wilde, no obstante, fue un paso más allá que sus compañeros en este ámbito, al usar el arte de su época como una forma alternativa a través de la cual reivindicar toda su concepción de la vida, y no solo su orientación sexual.

Así, mientras que en la obra temprana de Wilde existen poemas como *Charmides* (1881), que utilizan referencias a la Grecia antigua para hablar al lector sobre deseo ilícito o inmoral, la fama de Wilde –y la primera oportunidad para expresar su propia orientación hacia la vida– le llegó no desde estos poemas, sino a través de sus elaborados discursos sobre el arte del siglo XIX y su influencia en la vida de sus contemporáneos.[7] Estos discursos fueron elaborados con el fin de asegurar que el *tour* por Estados Unidos del joven poeta fuese un éxito, pues si bien Wilde había adquirido cierta fama en Londres a principios de 1880 como un joven intelectual que profesaba la doctrina del esteticismo, dicha fama se basaba más en sus dotes sociales y en su magnética presencia que en algún tipo de éxito literario o artístico concreto (Mendelssohn, 2018: 47). De tal forma, cuando se le propuso hacer un viaje por Estados Unidos para dar una serie de conferencias a lo largo del país, Wilde se aplicó a elaborar el guion de tres ponencias distintas con las que conquistar al público americano y con las que consolidar su fama a través de un éxito tangible. Estas tres ponencias, que Wilde expuso en 1882 durante los diez meses que duró su viaje a lo largo y ancho de Estados Unidos y de Canadá, tuvieron una acogida muy dispar. La primera, *The English Renaissance*, versaba sobre lo que había venido a conocerse cómo *El Renacimiento inglés*, o, en otras palabras, la teoría del esteticismo que, inaugurada por el historiador británico Walter

---

[7] El poema de Wilde es, además, una referencia directa a la obra de Platón del mismo título, en la que los personajes dialogan sobre la importancia de la prudencia y sobre la belleza del joven Cármides, declarando que el amor entre hombres es superior al amor entre hombre y mujer. Este poema es, pues, un claro ejemplo de cómo la educación universitaria victoriana ponía en contacto a los hombres que sentían atracción por otros hombres con un medio a través del cual expresar su orientación.

Pater, defendía una especie de epicureísmo en el cual el individuo debía buscar lo bello y experiencias nuevas a través del arte. Esta primera ponencia, no obstante, no generó demasiado éxito, ya que el público norteamericano la consideraba, en general, demasiado abstracta y teórica y, en consecuencia, las ventas de entradas para ver a Wilde –patrocinado por la prensa como el apóstol del esteticismo– cayeron drásticamente (Mendelssohn, 2018: 156-7). Las otras dos ponencias, no obstante, sí consiguieron atraer la atención de la audiencia y le dieron a Wilde, definitivamente, una base sólida sobre la que construir su persona pública y su fama posterior. Estas dos ponencias versaban sobre las artes decorativas en el siglo XIX, y una de ellas en concreto es de especial relevancia para este estudio: *The House Beautiful*.

Desde marzo hasta octubre de 1882, *The House Beautiful* fue el mayor éxito de Wilde en Estados Unidos, pero, tristemente, no ha sobrevivido ninguna versión manuscrita por el propio Wilde, por lo que la ponencia nunca ha podido ser íntegramente publicada. En 1974, no obstante, el crítico Kevin O'Brien consiguió, en un excelente ejercicio de análisis e investigación archivística, recrear la ponencia casi en su totalidad a partir de las entrevistas que Wilde ofreció a los distintos periódicos estadounidenses interesados en su obra y de los reportajes que estos mismos llevaron a cabo de *The House Beautiful* (O'Brien, 1974: 397). La reconstrucción de O'Brien nos permite no solo leer y descubrir el texto de la ponencia íntegramente por primera vez, también nos permite observar la actitud de Wilde hacia el concepto de la vivienda decimonónica, algo que resultará de gran interés para entender su uso ficticio del estudio del artista y para, además, comprobar cómo algunas de las ideas que expondría más de medio siglo después Bachelard en *La poética del espacio* están ya presentes en *The House Beautiful*, presentando una interesante oposición a la ideología vinculada a los espacios domésticos del XIX. Por ejemplo, Wilde defiende la importancia de decorar la casa con piezas artísticas que, ante todo, reflejen la individualidad de sus habitantes:

> Cuando hablamos de decoración, la primera necesidad es que cualquier pieza artística debe llevar la impronta de una individualidad distintiva; es difícil, pues, establecer reglas en cuanto a la decoración de viviendas porque cada hogar debe tener un aire individual en todos sus muebles y decoraciones. En la mayoría de los casos, esta individualidad se ha dejado hasta ahora en manos de los decoradores profesionales y tapiceros, con la consecuencia directa de que se ha establecido una suerte de uniformidad general en la mayoría de las viviendas que no merece la pena ni siquiera contemplar, pues la decoración de una casa debe expresar el sentimiento de quienes viven en ella (citado en O'Brien, 1974: 403).[8]

---

[8] «In the question of decoration the first necessity is that any system of art should bear the impress of a distinct individuality; it is difficult to lay down rules as to the decoration of dwellings because every home should wear an individual air in all its furnishings and decorations. This individuality in most cases up to the present has been left to the upholsterers, with the consequence of a general sameness about many dwellings which is not worth looking at, for the decorations of a house should express the feeling of those who live in it».

En otras palabras, las ideas de Wilde sobre la organización de una vivienda coinciden con las que defiende Bachelard: una casa es una especie de microcosmos personal, que refleja de una forma u otra la individualidad de sus habitantes y que, en ese reflejo, les ofrece la libertad de expresar sus sentimientos y emociones. En la apasionada defensa de la individualidad y la libertad decorativa que hace Wilde en *The House Beautiful*, se percibe, además, una fuerte oposición a las corrientes de su época. Recordemos que, en su minucioso estudio sobre las mansiones victorianas, Girouard analiza cómo las casas de la época debían seguir un esquema muy concreto y específico –lo que Wilde condena como el dominio de «los decoradores profesionales y los tapiceros»– en el que la decoración de las estancias femeninas y la de las estancias masculinas debían estar bien diferenciadas (1974: 34-6). Wilde, no obstante, no realiza tal separación entre géneros, sino que más bien da prioridad en todo momento a que la casa sea un fiel reflejo de los gustos del individuo y valora la falta de uniformidad entre distintas viviendas, sin considerar en ningún momento si las habitaciones deben ser decoradas de una forma u otra, según si su función establecida está relacionada con el hombre o con la mujer.

Aunque la defensa de la individualidad en la decoración pueda parecer un aspecto trivial dentro de la carrera o la doctrina de Wilde, la realidad es que esta defensa sirve también para poner en valor otras creencias de mayor alcance:

> En conclusión, ¿cuál es la relación entre el arte y la moral? A veces se dice que nuestro arte se opone a la buena moral; pero al contrario, fomenta la moral. Las guerras y el clamor de las armas, el choque de los hombres en

guerra, existirán siempre, pero pienso que el arte, al crear una atmósfera intelectual común entre todos los países podría, si bien no cubrir el mundo con las plateadas alas de la paz, al menos hacer que los hombres se consideren hermanos entre sí hasta tal punto que no quieran matarse unos a otros por la locura de algún rey o ministro (citado en O'Brien, 1974: 417).[9]

Wilde defiende así el papel del arte, el papel de la expresión individual a través de un medio artístico (reflejado, además, en los espacios domésticos de cada persona), como un medio conciliador entre «los hombres» (hablando de forma general sobre la humanidad), por su capacidad para reorientarnos hacia una atmósfera más intelectual, más cercana a los pensamientos y los sentimientos individuales y más alejada, por tanto, de los conflictos masivos condicionados por las opiniones de unas pocas personas. De esta forma, mediante una llamada a la individualidad estética, Wilde pretende reforzar, paradójicamente, el sentimiento de respeto y comunidad entre todos los humanos. Pero aún más relevante es, sin duda, la mención que Wilde hace al principio del fragmento sobre el dilema que concierne a la relación entre el arte y la moralidad. Girouard establece que el término *artístico*, en su aplicación a la decoración y

---

[9] «In conclusion, what is the relation of art to morals? It is sometimes said that our art is opposed to good morals; but on the contrary, it fosters morality. Wars and the clash of arms and the meeting of men in battle must be always, but I think that art, by creating a common intellectual atmosphere between all countries might, if it could not overshadow the world with the silvery wings of peace, at least make men such brothers that they would not go out to slay one another for the whim or folly of some king or minister».

la arquitectura individualista defendida por Wilde, se consideraba contrario a la idea de la casa victoriana, en tanto que cuestionaba el modelo de casa «masculina», en la que la decoración debía ser campestre y reflejar las aficiones del hombre (1990: 16, 68). Un exceso de arte individualista –de arte que se alejase de la norma decorativa de la época– tenía, para los críticos del siglo XIX, por tanto, una connotación amoral, en tanto que se veía como algo alejado de la masculinidad tradicional y de sus convenciones (Girouard, 1990: 68-9). Wilde, pues, se enfrenta a esta idea generalizada al decirle a su público que, por el contrario, la expresión de los gustos personales a través del arte es algo positivo, que lo artístico no tiene que ser algo inmoral o decadente, sino que, por el contrario, puede ser el camino hacia un mejor entendimiento entre las personas.

En esta idea va implícita, como se ha sugerido, una crítica a los roles de género masculinos que transciende lo decorativo. *The House Beautiful* es, a fin de cuentas, un tratado que busca ante todo defender los principios del esteticismo y que, por tanto, va necesariamente ligado a una masculinidad disidente. Desde que el término se acuñó y la obra de Pater se popularizó, los hombres que se consideraban seguidores del esteticismo habían sido continuamente parodiados como personajes afeminados, amanerados o sexualmente ambiguos. Gran parte de la popularidad que Wilde adquirió antes de su *tour* por Estados Unidos, de hecho, le llegó a través de las caricaturas que de él hacía el ilustrador George Du Maurier en la conocida revista satírica *Punch*, donde retrataba a Wilde y a otros estetas como hombres débiles, decadentes y más preocupados, en general, por la belleza y el arte que por las mujeres o las actividades normalmente asociadas a la masculinidad de la época (Mendelssohn, 2018: 51-4). Por lo tanto, el esteticismo se vio desde sus orígenes como una corriente cuyos participantes masculinos tenían alguna especie de «defecto moral» que les diferenciaba del resto de sus congéneres (Mendelssohn, 2018: 54). Es por ello por lo que Wilde, en *The House Beautiful*, no solo está defendiendo la idea de que los espacios propios deben, de alguna forma, representar la individualidad de sus habitantes para que sean entornos seguros, también está evidenciando cómo las doctrinas del esteticismo pueden llegar a ser liberadoras, cómo pueden otorgar una nueva orientación a aquellos que las siguen, que, si bien les alejan de la norma, les permiten sentirse más cómodos consigo mismos y expresar su identidad.

Debido a estos factores, es quizás poco sorprendente que Wilde eligiese el estudio del artista como escenario donde desarrollar con mayor profundidad su doctrina sobre la relación entre el arte y la masculinidad cuando compuso *El retrato de Dorian Gray*. Mientras que en *La musa trágica* James se centra en la disidencia masculina desde un punto de vista social, investigando cómo la sociedad condiciona al hombre y cómo este puede «descarriarse» de los caminos marcados a través de la seguridad que le otorga el espacio artístico, Wilde prefiere dirigir su atención en su novela hacia la disidencia masculina desde una perspectiva moral. En los primeros capítulos de *El retrato de Dorian Gray*, el autor nos ofrece una reflexión, a través de las posibilidades que se reflejan en el estudio del artista, sobre la importancia del arte como herramienta para escapar de las constrictivas normas moralistas y heteropatriarcales que gobernaban la sociedad decimonónica. El estudio es un espacio liminal en la novela de Wilde, porque sirve como umbral entre lo moralmente aceptado y lo moralmente condenable; una suerte de limbo en el que se puede articular –a través del arte– lo que debía permanecer oculto según los criterios legales y morales de su época. Ambos textos comparten, no obstante, una referencia a lo *queer*, al deseo entre hombres, que, si bien en el caso de James se nos presenta como un fenómeno que elude clasificaciones y juicios, en *El retrato de Dorian Gray* se manifiesta como un secreto que solo puede llegar a transmitirse a través de los principios del esteticismo y del arte en un espacio seguro y alejado de las convenciones domésticas que no daban cabida a todo aquello que constituyese una disidencia de la norma. Como el propio Wilde declara en el prefacio que compuso para la edición de 1891 de la novela, «No existe eso que se llama un libro moral o inmoral. Los libros están bien escritos, o mal escritos. Eso es todo. […] Ningún artista es morboso jamás. El artista puede expresarlo todo» (2018: 82). Estas frases, en definitiva, condensan lo que se ha comentado con anterioridad y advierten al lector del carácter subversivo del texto con el que va a encontrarse.

La primera escena del primer capítulo de *El retrato de Dorian Gray* nos introduce directamente en la concepción de Wilde del estudio del artista. Este espacio se nos presenta como un lugar que sigue al milímetro los parámetros del esteticismo: una especie de edén artístico donde los sentidos y la sensibilidad artística conviven libremente, mientras que el pintor, Basil Hallward, y su íntimo amigo, lord Henry Wotton, conversan sobre arte:

> El estudio estaba lleno de un intenso aroma a rosas, y cuando el ligero viento estival se movía entre los árboles

del jardín venía a través de la puerta abierta el pesado per-
fume de la lila, o la fragancia más delicada del espino de
flor rosa. Desde la esquina del diván de alfombra persa en
el que estaba echado, fumando como tenía por costum-
bre, innumerables cigarrillos, Lord Henry Wotton podía
precisamente captar el brillo dulce de miel y de color de
miel de las flores de un laburnum, cuyas trémulas ramas
parecían apenas poder soportar la carga de una belleza
tan llameante como la suya; [...] El rugido de Londres
era como el bordón de un órgano distante (2018: 85-6).

Esta primera descripción del estudio –y de los personajes que en él aparecen y conviven– ya marca el carácter
esteticista de la obra y nos ofrece, por tanto, una clara
referencia a las masculinidades disidentes de la época. El
ambiente de la estancia, recargado del aroma de flores y
ocupado por la «llameante» belleza de lord Henry, nos
indica de dos formas distintas que esta habitación no
encaja con los cánones domésticos decimonónicos. Por
un lado, el aroma de las flores recuerda más al olor de
las habitaciones relacionadas con lo femenino, en las que
las flores jugaban un importante papel, más que a otros
aromas más masculinos asociados con un gabinete o despacho convencional (aunque, para acrecentar el significado
liminal del espacio, este también se encuentra invadido
por la esencia del tabaco, un olor más cercano a la realidad
doméstica de las habitaciones masculinas de la época). Por
otro lado, el adjetivo *llameante* es una referencia directa a
la doctrina esteticista de Walter Pater, cuya doctrina principal, desarrollada en el epílogo de su obra *Estudios sobre la
historia del Renacimiento* (1873), invitaba a sus seguidores
a vivir la vida buscando siempre nuevas sensaciones que
los llevasen a sentirse siempre «ardientes a través de esta

intensa llama con aspecto de gema» (2018: 115)[10] que las
sensaciones artísticas pueden llegar a producir. Como es
de esperar, la doctrina de Pater fue recibida como una
corriente de pensamiento decadente y degenerada, capaz
de «envenenar» la moral victoriana (Wong, 2018: 18). Por
tanto, encontramos desde el principio de la novela un ensalzamiento tanto de la liminalidad del estudio como de su
capacidad para albergar actitudes consideradas inmorales
o peligrosas en la Inglaterra finisecular.

En las próximas páginas, además, esta sensación se
complementa a través de la conversación que Basil y lord
Henry mantienen, una conversación que Wilde utiliza
para demostrar cómo, a través del arte, los individuos
pueden conocerse mejor a sí mismos y dejar un rastro que
permita a los demás percibir sus verdaderas orientaciones.
Así, los lectores son introducidos al famoso retrato que da
título a la obra de la siguiente manera:

> En el centro de la habitación, sujeto en un caballete en
> posición vertical, alzábase el retrato de cuerpo entero de
> un joven de extraordinaria belleza física, y frente a él, a
> poca distancia, sentábase el propio artista, Basil Hallward
> […] Mientras miraba el pintor la gentil y agraciada figura
> que tan hábilmente había reflejado con su arte, pasó una
> sonrisa de placer por su cara, y pareció ir a quedársele
> allí (2018: 86).

A pesar de la belleza singular del retrato y del modelo,
Basil, cuando lord Henry le pregunta si va a mandar a
exponer la obra, contesta categóricamente que no, dándo-

---

[10] «to burn with this gem-like flame».

nos a entender que la obra tiene más significado del que puede percibirse a simple vista: «Ya sé que vas a reírte de mí [...] pero realmente no puedo exponerlo. He puesto demasiado de mí mismo en él» (2018: 87). Lord Henry recibe este anuncio con sumo escepticismo, ya que no ve similitud física alguna entre Basil y Dorian, quedándose así en el aspecto superficial de la observación de Basil: «no puedo ver ningún parecido entre tú, con esa fuerte cara tuya de rasgos marcados [...] y este joven Adonis que parece que fuera de marfil y pétalos de rosa [...] Es un ser sin cerebro, bello, que siempre debiera estar aquí en invierno cuando no tenemos flores que mirar» (2018: 88). No obstante, Basil se apresura a explicar que su reticencia a exhibir el cuadro no reside en tal motivo, sino más bien en que el cuadro puede llegar a entenderse como un mapa que expone claramente los secretos del propio artista:

> [t]odo retrato que se pinta con sentimiento es un retrato del artista, no del que posa. [...] No es a él a quien el pintor revela; es más bien el pintor quien, en el lienzo coloreado, se revela a sí mismo. La razón por la que no voy a exponer este cuadro es porque tengo miedo de haber mostrado en él el secreto de mi alma (2018: 91).

En otras palabras, Basil ve el retrato como un elemento reorientador, capaz de revelar a aquellos que lo observan una realidad que suele –o al menos debe– permanecer oculta a la estricta sociedad que tan claramente delimita los contornos de lo que un hombre «normal» debe hacer o pensar.

Esto queda aún más claro cuando Basil le cuenta a lord Henry el motivo por el que el cuadro significa tanto para él, la razón que alimenta su miedo a que el retrato pueda desvelar sus más íntimos secretos a aquellos que lo contemplen y, a su vez, el apasionado y poco convencional vínculo que le une con el modelo, Dorian Gray:

> Cuando se encontraron [mi mirada y la de Dorian por primera vez], sentí que me estaba poniendo pálido. Una curiosa sensación de terror se apoderó de mí. Supe que había tropezado con alguien cuya simple personalidad era tan fascinante que, si yo dejaba que lo hiciera, iba a absorberme todo mi ser, toda mi alma, mi arte mismo […] Sabía que si hablaba con Dorian me haría íntimo suyo totalmente, y que no debía hablar con él […] Ahora él es para mí todo mi arte […] A veces pienso, Harry, que solo hay dos eras de alguna importancia en la historia del mundo. La primera es la aparición de un nuevo medio para el arte, y la segunda es la aparición de una nueva personalidad para el arte también. Lo que la invención del óleo fue para los venecianos, la cara de Antínoo fue para la escultura griega tardía, y la cara de Dorian Gray lo será para mí algún día […] Pero para mí es mucho más que un modelo que posa […] su personalidad me ha sugerido una manera de arte totalmente nueva, un modo de estilo completamente nuevo. Veo las cosas de manera diferente, y pienso en ellas de manera diferente […] ¡Harry! ¡Si supieras lo que es Dorian Gray para mí! […] Yo lo veo todo en él (2018: 92-8).

Wilde realiza, a través de la descripción que Basil nos da sobre su relación con Dorian, un acto de lo que Friedman ha llamado «negatividad erótica».[11] Según Friedman, la

---

[11] Este concepto, que se explica a continuación, se basa en la idea de la «negatividad» originada por el filósofo idealista alemán Friedrich Hegel. Para Hegel, la «negatividad» era la capacidad del individuo de

«negatividad erótica» puede entenderse como un fenómeno llevado a cabo por artistas y escritores *queer* durante el fin de siglo que, en vez de adoptar la terminología que la sexología de la época estaba desarrollando para designarles, preferían articular su disidencia sexual a través de temáticas y estilos inusuales en su propio arte (2019: 1-7). Así, por ejemplo, *El retrato de Dorian Gray* o *El retrato de Mr. W.H.*, o incluso *Charmides*, pueden entenderse como obras a través de las cuales Wilde dejó claras referencias a su orientación sexual sin tener que confrontar los peligros legales de la enmienda de Labouchère o sin necesidad de recurrir al lenguaje médico-científico que reducía a las personas *queer* a individuos enfermos o peligrosos. Por lo tanto, Basil confiesa en el fragmento que esto es precisamente lo que ha conseguido hacer a través del retrato de Dorian: ha expuesto sus emociones y sentimientos disidentes a través de un retrato que captura perfectamente la belleza que Dorian aporta a su vida, le ha permitido desarrollar «una manera de arte» a través de la cual poder ver y pensar la realidad «de manera diferente» o, en otras palabras, le ha permitido reorientarse y mirar su realidad sexual y sentimental a través de una nueva perspectiva que no está tinada de condenaciones legales, morales o médicas. Basil hace referencia, además, a la figura de Antínoo, el amante y compañero del emperador romano Adriano, que inspiró toda una corriente artística en torno a su figura tras su prematura muerte, reflejando así el poder que lo homoerótico puede llegar a tener en el arte.

---

reconocer sus diferencias con respecto a la norma establecida y de, por tanto, iniciar un proceso de transformación que le acercarse más a la «verdad».

Este acto de «negatividad erótica» puede, según el propio Basil, verse claramente plasmado en el cuadro y, por tanto, exponerlo sería, a sus ojos, un riesgo que podría llevar a que otros adivinasen su orientación sexual:

> Porque, sin habérmelo propuesto, he puesto en [el cuadro] cierta expresión de toda esta curiosa idolatría artística, de la que, desde luego, jamás me ha gustado hablarle. Él no sabe nada de ella. Jamás sabrá nada de ella. Pero el mundo puede que lo adivine; y yo no voy a desnudar mi alma ante sus ojos superficiales, inquisidores. Mi corazón no se pondrá jamás bajo su microscopio. Hay demasiado de mí en ese objeto, Harry […] ¡Demasiado de mí! (2018: 98).

Y es que, aunque conforme avanza la narrativa, el lector o lectora puede percibir claramente que la afinidad que Basil siente por Dorian tiene un cariz ampliamente romántico –«[e]s bastante cierto que te he adorado con mucho mayor romanticismo del que generalmente se tiene por un amigo. De alguna manera, jamás he querido a una mujer» (2018: 217)–, el retrato continuará siendo, durante toda la novela, el símbolo de la disidencia de Basil: el objeto que simboliza sus diferencias con respecto a la masculinidad tradicional de la época y que condicionará tanto su vida como la del propio Dorian. Y es, además, de especial importancia que esta conversación y la consecuente explicación de lo que el retrato simboliza para Basil, de su miedo a que el crítico agudo u observador pueda ver en él el secreto de su «corazón» y de su «alma», tengan lugar en el estudio del artista. Es en este espacio, a fin de cuentas, donde Wilde se atreve a ir más lejos en su acto de «negatividad erótica», donde es más fácil leer y desentrañar la disidencia sexual que permea todo el texto de principio a fin. Las palabras de Basil sobre Dorian, su relación y el nuevo sistema artístico que esta ha inspirado en él componen un claro alegato a favor de las masculinidades disidentes: abren una puerta a la posibilidad de que lo masculino pueda salir de su molde, que pueda expandirse y encontrar otros objetos de interés que vayan más allá de lo presupuesto por la sociedad. El arte, como ya se indicaba en *The House Beautiful*, puede llevar a una mejor expresión de la individualidad, de los verdaderos pensamientos e intereses de un individuo al margen de la tradición decimonónica. Y que todo esto pueda darse casi exclusivamente en el espacio del estudio del artista se debe, en gran medida y como se ha indicado con anterioridad, a su carácter plenamente liminal. El hecho de que las normas sociales se relajen en este espacio –como pudimos apreciar en el ejemplo real del estudio de Leighton– lo convierten en un lugar en el que Basil puede contemplar o enseñar su cuadro, y, sobre todo, diseñarlo y elaborarlo, sin que su secreto sea puesto en riesgo, pues en este espacio las normas sociales se relajan en favor del arte y de lo artístico.

Como indica Thomassen, a fin de cuentas, lo liminal designa aquellos momentos o espacios donde «los límites normales del pensamiento, el autoconocimiento y el comportamiento humano se relajan, dando pie a lo novedoso y a lo imaginativo, a la construcción y la destrucción [de barreras]» (2014: 1).[12] El hecho de que el estudio del

---

[12] «Liminality refers to moments or periods of transition during which the normal limits to thought, self-understanding and behavior

artista sea un espacio que, como hemos visto, no encaja en la configuración convencional del domesticismo decimonónico, en el que pueden darse tanto un desarrollo de las idiosincrasias femeninas como de las masculinas, como de una mezcla de ambas que desafía y deconstruye los binarismos de género de la época, lo convierte en el lugar idóneo en el que exponer una orientación particular, una perspectiva de la realidad que no encaja con la dirección colectiva. Así, *La musa trágica* y *El retrato de Dorian Gray* se nutren de la liminalidad espacial del estudio del artista para que sus autores puedan mostrarnos una suerte de deconstrucción de la masculinidad típica de su época. El estudio se nos presenta como un lienzo en blanco en el que, al no aplicarse las leyes domésticas convencionales (que no son más que el resultado de la forma de separar y clasificar el género de la sociedad decimonónica), hay espacio para que lo disidente pueda desarrollarse y articularse. Tanto James como Wilde se valen del estudio del artista para presentarnos no solo un desafío a «los límites normales del pensamiento […] y el comportamiento humano» masculino de su sociedad, sino también para manifestar, de forma velada pero reconocible, sus propias concepciones sobre el deseo homoerótico masculino. Respaldados por un contexto artístico y habitado por otros hombres *queer*, ambos autores vieron en el estudio del artista un espacio narrativo seguro en el que traducir y representar sus críticas a la masculinidad propia del siglo XIX.

---

are relaxed, opening the way to novelty and imagination, construction and destruction».

En este sentido, ambas novelas pueden entenderse como claros ejemplos de lo que Ahmed llama *orientaciones queer*:

> Las *orientaciones queer* son aquellas que ponen al alcance cuerpos que se han hecho inalcanzables por las líneas de la genealogía convencional. Las *orientaciones queer* podrían ser aquellas que no se alinean, y que al ver el mundo «de forma inclinada» permiten que otros objetos aparezcan a la vista. Una *orientación queer* puede ser aquella que no pasa por alto lo que está «fuera de la línea», y por tanto actúa fuera de la línea con otros (2006: 152).

En otras palabras, podemos afirmar que ambos textos «ponen al alcance» de los lectores una realidad que lo «convencional» les oculta: la realidad de aquellos hombres que no se ajustaban a los ideales del hombre hecho a sí mismo o del *paterfamilias* ligado a la esfera pública de los negocios o la política. En vez de ignorar la compleja realidad de estos hombres o de aquellos que sienten deseo romántico o sexual por otros hombres, tanto *La musa trágica* como *El retrato de Dorian Gray* pueden considerarse textos adelantados a su época que, a través del estudio del artista, ponen de relieve la posibilidad de vivir de forma distinta a la socialmente aceptada. Es interesante pensar, además, cómo lejos de ser este un propósito anticuado o desfasado con respecto a la sociedad contemporánea, es aún necesario reivindicar las masculinidades disidentes que tanto James como Wilde retrataron en sus textos, considerando que el estudio de las «nuevas masculinidades» tiene aún mucho que aportar a una sociedad en la que aún, por desgracia, problemas como la desigualdad de género o la homofobia siguen estando a la orden del día.[13]

Por otro lado, y cumpliendo con el enfoque internacional de este volumen, es importante también tener en cuenta que esta reivindicación no estaba, ni mucho menos, confinada al mundo anglosajón. Otros autores de distintas nacionalidades también representaron el estudio del artista como un lugar donde expresar una masculinidad disidente. Un claro ejemplo de esto es el relato de Thomas Mann llamado *Tonio Kröger* (1903). En este relato, con tonos altamente autobiográficos que el autor alemán ya habría desarrollado con más detenimiento en su novela *Los Buddenbrook* (1901), Mann nos presenta a un joven que, al igual que Basil Hallward, Nick Dormer y Gabriel Nash, desafía las normas de la masculinidad tradicional y encuentra refugio para poder expresar su auténtica orientación hacia la vida en el arte y en el estudio del artista. Desde la primera página, el relato rebosa un cierto homoeroticismo que se percibe claramente en la relación entre el joven Tonio y su mejor amigo de la infancia, Hans. Esto puede apreciarse en numerosos fragmentos del texto, como: «Tonio amaba a Hans Hansen y había

---

[13] Sin ir más lejos, en la versión de *El retrato de Dorian Gray* que se ha empleado durante este análisis, reeditada por Cátedra en 2018, el editor del texto, Manuel Francisco Míguez, advierte al potencial lector de que la novela de Wilde está llena de «pedanterías [y] cursilerías», poseyendo fragmentos altamente «alambicados [y] amanerados» (2018: 61). El hecho de que una edición contemporánea de la novela aún incluya estas descripciones es sintomático de hasta qué punto es necesario reivindicar tanto a los autores decimonónicos que se atrevían a desafiar las normas de género.

ya sufrido inmensamente por su culpa. La persona que ama más es siempre un perdedor y debe sufrir por tanto» (1998: 165); «Tonio amaba a Hans sobre todo porque era hermoso; pero también porque era su opuesto en todos los aspectos» (1998: 167); «Pero Tonio deseaba ardientemente que Hans le amase como él le amaba, y cortejaba su afecto a su manera propia, de forma lenta, afectuosa, devota, melancólica y sufrida –con una melancolía que podía quemar y devorar» (1998: 168).[14] Curiosamente, este amor está desde el principio directamente relacionado con las propensiones artísticas de Tonio, que sueña con ser escritor, pero que percibe que este deseo le hace distinto a los otros chicos de su edad, como si hubiese algo «lascivo» o «inapropiado» en su interior (1998: 166).[15] No obstante, su amor por el arte le lleva a aceptarse tal y como es: «Soy quien soy y eso es suficiente, no quiero ni puedo cambiar» (1998: 167).[16]

Cuando pasan unos años, no obstante, y tras haberse enamorado también de una mujer, Tonio expresa su disidencia para con las normas de género que rigen su época de forma clara en, precisamente, el estudio de una amiga

[14] «Tonio loved Hans Hansen and had already suffered a great deal because of him. The person who loves more is the underdog and has to suffer»; «He loved him first of all because he was beautiful; but then because he was Tonio's opposite and counterpart in all respects»; «But Tonio painfully desired to be loved by him just as he was, and he courted his love in his own way, a slow and affectionate, a devoted, suffering, and melancholy way– a melancholy that can burn and devour».

[15] «wanton and really inappropriate».

[16] «I am what I am and that I won't or can't change».

pintora. Mann representa el estudio de Lisaveta como una suerte de santuario en el que esta ejerce de sacerdotisa (1998: 183), una sacerdotisa bajo cuyas ministraciones Tonio se siente por primera vez libre para articular su verdadera perspectiva hacia la vida. Su doctrina se basa, principalmente, en que el artista debe estar lo más alejado posible de las preocupaciones «humanas»: «Un artista deja de serlo en el momento en que se convierte en humano» (1998: 187), y llega incluso a afirmar que un artista nunca es un «hombre» y que todo arte que valga la pena ha de ser «corrupto» (1998: 188-94).[17] Esta diatriba, extraordinariamente decadente y contraria a los principios de la masculinidad convencional, que valora ante todo el trabajo y la reproducción, nos muestra en Tonio a un individuo que ha encontrado su propia orientación hacia la vida al margen de las imposiciones de género de su época. Una vez más, y como ocurre en *La musa trágica* y en *El retrato de Dorian Gray*, el estudio del artista y su liminalidad, su aceptación como espacio que, dentro del microcosmos de la casa, no tiene un lugar bien definido en la sociedad, hacen que Tonio pueda expresar en aquel esta creencia sin que parezca estar fuera de lugar.

En resumen, podemos concluir que el estudio del artista en la literatura del siglo XIX sirvió no solo como un espacio seguro en el que las mujeres pudiesen cuestionar las normas que gobernaban sus vidas, sino también como el escenario ficticio principal en el que los hombres podían llegar a articular otras formas de masculinidad que

---

[17] «An artist stops beings an artist the instant he becomes human and starts feeling».

distaban bastante de aquellas promulgadas por la cultura y la sociedad de la época. La representación del estudio del artista en los textos de James y Wilde nos demuestra cómo la liminalidad de la que tal espacio gozaba en la vida real podía traducirse perfectamente también a la literatura, dotando a los autores de una herramienta a través de la cual expresar lo inexpresable.

4. El *künstlerroman*: el estudio del artista como ensamblaje social

Hasta este punto, el análisis llevado a cabo en este volumen se ha centrado de forma casi exclusiva en las distintas maneras en las que el estudio del artista se usó en la literatura del siglo XIX para combatir las estrictas normas y jerarquías de género impuestas sobre la población de la época. Por su carácter como espacio doméstico que no termina de encajar en los esquemas predeterminados de la vivienda decimonónica, el estudio del artista ha demostrado ser un espacio ambiguo, liminal, que la ficción de la época adoptó para poder articular sus retos y desafíos hacia las ideas predominantes del *ángel* en el hogar y del hombre hecho a sí mismo. En este capítulo, no obstante, el lector o lectora encontrará una aproximación al estudio del artista no solo en relación con el género, sino también en relación con otros aspectos sociales del siglo XIX cuya representación parece haber encontrado cabida en el fenómeno literario internacional que vino a conocerse como *künstlerroman*. De acuerdo con White, «[u]n *Künstlerroman* narra, por definición, la historia del crecimiento intelectual y emocional de un artista; describiendo normalmente un viaje interno que lleva al descubrimiento de la vocación del artista» (2005: 13).[1] Podemos afirmar, por tanto, que el *künstlerroman* no es sino el hermano artístico de uno de los géneros novelísticos más importantes de todo el siglo XIX occidental: el *bildungsroman*, o novela de aprendizaje.

Quizás debido al énfasis que la sociedad de la época hacía en la figura del hombre hecho a sí mismo, el *bildungsroman* adquirió una gran popularidad en la Europa del XIX, ya que se trataba de un género que representaba el camino hacia la madurez del protagonista (normalmente masculino) y, frecuentemente, su ascensión de clase social a través de una serie de problemáticas que se resolvían de forma idílica. Por regla general, muchos *bildungsromans* terminaban con el protagonista felizmente casado y reproduciendo una situación doméstica «ideal» que encajaba perfectamente con las normas sociales del período. Grandes obras de la literatura occidental, como *Los años de aprendizaje de Wilhem Meister* (1795/6) de Johan Wolfgang von Goethe, *Cándido* (1759) de Voltaire, *Emma* (1815) de Jane Austen o *David Copperfield* (1850) de Charles Dickens encajan a la perfección con la etiqueta de *bildungsroman* y han definido el género hasta el día de hoy.[2] El *künstlerroman*, por otro lado, y tal y como explica

---

[1] «A *künstlerroman*, by definition, tells the story of an artist's intellectual and emotional growth; usually it describes an inward journey leading to a discovery of the artist's vocation».

[2] Para más información sobre el *bildungsroman* femenino y, más especialmente sobre la forma en la que esta variedad de *bildungsroman* presenta más tensiones y excepcionalidades, se recomienda consultar *Appearing to Diminis: Female Development and the British Bildungsroman, 1750-1850* (1999), de Lorna Ellis.

White, se centra principalmente en la evolución de un artista, haciendo énfasis en el desarrollo de sus ideas y sentimientos más que en sus condiciones materiales o sociales. El *künstlerroman*, además, no suele compartir el final «feliz» del *bildungsroman*, ya que la vida de los artistas tiende a retratarse en estas novelas de una forma trágica que choca plenamente con las expectativas de su sociedad y de su cultura. Y si bien algunas de las novelas que se han explorado en los capítulos anteriores –como *La inquilina de Wildfell Hall* o *La musa trágica*– pueden considerarse *künstlerromans* de pleno derecho, en este capítulo se prestará especial atención a dos novelas que representan de forma minuciosa el papel del artista como un extraño en su propia cultura, como una entidad a mitad de dos caminos (entre lo convencional y lo idiosincrático) que ha de encontrar su lugar en la sociedad y respetar, a la vez, los dictados de su arte por alienantes que estos sean. Veremos que *La obra* (1886), del escritor francés Émile Zola, y *La quimera* (1905), de la española Emilia Pardo Bazán, son *künstlerromans* en los que muchos de los aspectos de la sociedad decimonónica que ambos escritores cuestionaban o criticaban convergen en el estudio del artista, convirtiéndose así este en una suerte de engranaje metafórico cuyos giros nos muestran distintas facetas del ensamblaje que constituía la sociedad del siglo XIX a través de perspectivas novedosas o revolucionarias para con la cultura y la moral de la época.

Un claro ejemplo de cómo la representación del estudio del artista puede llegar a incluir una crítica aguda a toda una sociedad puede encontrarse en la otrora popular novela francesa *Escenas de la vida bohemia* (1859), de Henry Murger. Esta obra, que en su día inspiró la conocida ópera de Puccini *La bohème* (1895), examina las distintas formas en las que la sociedad y el arte chocan y complican las vidas, y el desarrollo personal de un grupo de amigos artistas y bohemios en el París del rey Luis Felipe de Orleans. Ya desde el principio de la novela se nos muestra el estudio del artista como un lugar ecléctico y liminal, donde las normas de la sociedad no se aplican. La extrema pobreza del artista hace que este espacio y los muebles que contiene se escapen de cualquier tipo de definición: «saltó apresuradamente de un mueble fruto de su industriosa inventiva, que le hacía las veces de cama por las noches, y no es por dejarlo mal, pero no las hacía nada bien, y, durante el día, desempeñaba el papel de todos los demás muebles» (2007: 31). Incluso los códigos de vestimenta se ven anulados en el estudio del artista empobrecido: «Schaunard se puso a toda prisa unas enaguas de satén rosa salpicadas de estrellas de lentejuelas que usaba de batín» (2007: 32). La novela avanza y pronto nos damos cuenta de que la comunidad de amigos bohemios que retrata Murger ha creado en sus estudios una especie de santuario donde escapar de los valores moralistas de su sociedad y en el que poder actuar conforme a sus propios códigos éticos. Así, por ejemplo, hay momentos en la narrativa en los que dos de los amigos, Schaunard y Marcel, viven juntos en el mismo estudio, compartiendo muebles y vivienda (2007: 72-3), y, más adelante, cuando los cuatro amigos empiezan a vivir en el mismo edificio, crean entre todos una especie de comunidad en la que todo es de todos, y en la que no se aplican los valores sobre la propiedad privada que tanto imperaban en la sociedad decimonónica (2007: 282).

En los estudios que representa Murger se suceden una serie de eventos y circunstancias que también parecen burlarse o criticar otros aspectos de los convencionalismos victorianos. Así, el estudio parece ser una mofa de la «santidad» de la domesticidad del siglo XIX cuando los artistas organizan en este fiestas que ponen en jaque todo tipo de convencionalismo propio de la época, y que representa estilos de vida alternativos. Así, nos encontramos, por ejemplo, la escena en la que Colline y Rodolphe orquestan una velada literaria que se tuerce en una bacanal alcohólica en la que hay que quemar las sillas de los invitados para poder conservar el calor del estudio (2007: 125-7); o la escena posterior en la que los artistas celebran una fiesta con el dinero que uno de ellos ha conseguido de forma oscura y que se niegan a darle al casero para, en su lugar, estar «cinco días sin salir de casa y viviendo como reyes. Se sentaban en la mesa desde por la mañana hasta por la noche. En la habitación, que rebosaba de ambiente pantagruélico, reinaba un estupendo desorden. En un banco casi entero de conchas de ostras reposaba un ejército de botellas de formas varias» (2007: 395). Además de estas escenas de libertinaje que, en tono de burla, presentan una cierta crítica a las normas sociales decimonónicas, se dan otras escenas de mayor interés desde el punto de vista sociológico y doméstico en los estudios de Murger. En los estudios, los artistas conviven con sus amantes, a las que se refieren como sus «esposas» (2007: 204), dando pie a relaciones poco convencionales o fuera de la norma, y estableciéndose definitivamente como un espacio donde las reglas sociales se relajan o incluso desaparecen en una imitación, o burla, de la sociedad burguesa. La complicidad de hombres y mujeres artistas en esta convivencia, que habría sido vista como «amoral» y que rompía completamente los esquemas domésticos en los que los espacios femeninos y masculinos estaban claramente separados, hacen de *Escenas de la vida bohemia* un claro ejemplo de cómo en el estudio del artista convergen distintos aspectos sociales que pasan a ser criticados o desmantelados por los autores de una gran cantidad de *künstlerromans*.

El mismo proceso puede observarse, aunque con mucho menos humor e ironía de por medio, en las obras de Zola y Pardo Bazán que este capítulo analiza. Al igual que en la novela de Murger, *La obra* y *La quimera* ofrecen al lector una visión del estudio del artista en la que diversos aspectos de la sociedad finisecular se encuentran y pasan a ser cuestionados o analizados por los autores. Es por este motivo por el que me refería, con anterioridad al estudio del artista en los *künstlerromans* europeos, como si de una especie de engranaje se tratasen. Podemos imaginar el estudio del artista en este contexto como una pieza esencial dentro del ensamblaje que compone la cultura decimonónica que, con cada giro y cada roce de una muesca con la de otro engranaje, genera un espacio donde diversos aspectos de la sociedad, que no tienen por qué convergir, se tocan y se influencian. Pongamos, pues, un ejemplo claramente visual con respecto a esta metáfora. Si la cultura del XIX puede verse como un ensamblaje, como una especie de maquinaria de poder y normas culturales que funciona a través del correcto giro de sus diversos engranajes, debemos suponer que cada engranaje representa un aspecto distinto de dicha cultura. Así, por ejemplo, un engranaje podría ser la estructura doméstica establecida y predominante; otro podría estar constituido por las binarias normas de género que gobernaban las relaciones entre hombres y mujeres; otro podría verse como el sistema de clases que dividía a las personas en la Europa finisecular;

otro, por la moralidad cristiana imperante en la sociedad, etc. En este complejo y bien engrasado ensamblaje –cuyo funcionamiento venía garantizado por los sistemas de poder que, como Butler indica, sometían o presionaban a los individuos a cumplir las funciones correctas designadas por su sociedad (2001: 17)–, el estudio del artista podría entenderse como la pieza que, de una forma u otra, toma al rozar con cada uno de los otros engranajes un aspecto de estos y lo pasa por su filtro. En el caso de los capítulos anteriores, por ejemplo, el engranaje compuesto por el estudio del artista en su representación literaria tomaría, al encajar con el engranaje que simbolizaría las normas de género, algunas de sus normas y leyes y las cuestionaría o las modificaría en base a la mayor libertad de obra y pensamiento que este espacio reorientador, como hemos visto, ofrece para expresar ideas disidentes.

Esta teoría del ensamblaje, que ve los distintos aspectos de la vida como engranajes que se configuran para formar un todo profundamente interconectado entre sí, no es en sí un concepto puramente novedoso. Ya en 1977, Gilles Deleuze y Claire Parnert definieron el *agencement* (que sería traducido al inglés como *assemblage*, y que es, precisamente, a lo que yo me refiero aquí cuando menciono un *ensamblaje* social) como:

> [u]na multiplicidad que comporta muchos términos heterogéneos, y que establece uniones, relaciones entre ellos, a través de edades, de sexos y de reinos –a través de diferentes naturalezas. La única unidad del [ensamblaje] es de cofuncionamiento: una simbiosis, una «simpatía». Lo importante no son las filiaciones, sino las alianzas y las aleaciones; ni tampoco las herencias o las descendencias, sino los contagios [...] (1980: 79).

En esta definición se aprecian los matices del sistema que he expuesto en el párrafo anterior. La sociedad del XIX puede entenderse como un ensamblaje en el sentido en el que lo definen Deleuze y Parnet, porque es, al final, el resultado de establecer uniones entre distintos «reinos» o campos más concretos de la realidad de la época y, además, su funcionamiento viene dado por las «aleaciones» o «contagios» que se dan cuando se establecen esas uniones entre campos distintos, como la sexología de la época, que se estableció a través de la unión, del contacto, entre la medicina y lo legal. En este sentido, el estudio del artista es de especial interés, porque según las ideas que he venido desarrollando a lo largo de este volumen –y como se verá en los siguientes apartados– es un espacio donde estas uniones proliferan y donde el propio funcionamiento del ensamblaje social se ve cuestionado en uno de sus propios engranajes. Esto se corresponde con estudios posteriores de lo que ha venido a conocerse en la academia contemporánea como el *assemblage theory* o teoría del ensamblaje. Escritores, tales como Bill Brown o Katarzyna Niziolek, han reafirmado la idea original de Deleuze y Parnet, al recalcar la idea de que cualquier tipo de ensamblaje depende siempre de «las conexiones entre» los distintos aspectos que componen tal ensamblaje (Niziolek, 2021: 272).[3] No obstante, y como apunta Brown, el arte tiene también un papel fundamental a la hora de hacernos ver con claridad los ensamblajes que damos por hecho, los sistemas que hacen que nuestra vida se desarrolle siguiendo la dirección colectiva que definía Ahmed, como si del mecanismo de un

---

[3] «connections between».

reloj se tratase. En *Re-Assemblage (Theory, Practice, Mode)* (2020), Brown llama la atención al lector sobre el hecho de que el arte, en sí, es un ensamblaje, pues su creación depende de la acumulación y de la conexión entre distintos aspectos de la vida del artista, los materiales, etc. (2020: 262-74). Parte de su conclusión se basa en el ejemplo de que la novela en sí es un «ensamblaje de materiales» que va desde el contenido o la temática de la novela en sí hasta el papel en el que se imprime el texto (2020: 273-4).[4] De esta forma, Brown nos dice que todo ensamblaje puede ser analizado como la conexión de cientos de factores, y que todos ellos interactúan de forma distinta para dar pie a nuestras creencias y a nuestras expectativas sociales. Es posible (y deseable incluso), no obstante, aislar dichos factores, dichos engranajes, y estudiar la forma en la que nos influencian e influencian al ensamblaje en su totalidad.

Y esto, precisamente, es lo que el estudio del artista, con su énfasis tanto en el arte como en la sociedad de la época en la que es representado, consigue hacer: crear una especie de engranaje diferente con el que podemos ver y analizar los otros engranajes a través de las formas en las que convergen en este espacio literario. En los dos *künstlerromans* que nos conciernen en este capítulo veremos, pues, cómo la representación del estudio del artista nos presenta a la sociedad decimonónica como un ensamblaje compuesto de cientos de engranajes que, de un modo u otro, deben ser criticados, reevaluados o sufridos por los protagonistas de las obras, lo que convierte a estas en mucho más que narrativas centradas en el desarrollo

---

[4] «material assemblage».

de un artista, y lo que da pie a auténticos retratos de la sociedad finisecular que exponen sin ambages los muchos conflictos que el aparentemente ideal funcionamiento de la maquinaria decimonónica ocultaba. El estudio del artista es así la lupa que nos permite mirar de cerca en la ficción de Zola y de Pardo Bazán la acción de girar y torcer de los engranajes que componen una sociedad en constante cambio, mientras que, a su vez, nos permite observar nuevas orientaciones hacia dichos engranajes, nuevas formas de mirar al ensamblaje para que en este también tengan cabida las preocupaciones de aquellos que no se ajustan a sus normas, como es el caso de los protagonistas de *La obra* y de *La quimera*.

4.1. Émile Zola: *La obra* (1886)

Francia es, sin duda, uno de los países de la Europa decimonónica en los que más se notó la influencia del arte en la literatura. A fin de cuentas, uno de los eventos sociales más importantes de la nación franca era el anual Salón de París, por lo que no es de extrañar que dicho evento se representase en un gran número de obras literarias de la época. El Salón de París se fundó en la capital francesa en 1725, y se mantuvo operativo hasta 1890. Considerado como uno de los eventos artísticos más importantes de Occidente durante la totalidad del siglo XIX, el Salón, organizado por la Academia de Bellas Artes Francesa, estaba dirigido por un jurado que seleccionaba de entre todas las obras enviadas una representación de lo que consideraban el arte más refinado y mejor ejecutado. Entre las paredes del Salón, pues, se congregaba una importante porción de la sociedad parisina y europea de forma anual o bienal, con el fin de apreciar lo que los expertos de la Academia consideraban el arte más selecto de toda Francia. No es de extrañar, por tanto, que un evento tan extraordinario y tan polémico –pues algunos de los rechazados, como los primeros impresionistas, no tardaron en fundar sus propias exposiciones y colectivos independientes (el primero siendo el apropiadamente llamado Salón de los Rechazados de 1863)–, en el que influían aspectos sociales, económicos y, por supuesto, artísticos, cobrase una gran importancia en las mentes de los literatos franceses.

De hecho, un alto número de los autores más sonados de la Francia decimonónica adquirieron gran parte de su fama inicial a través de las críticas que se realizaban sobre el Salón o sobre los artistas que eran aceptados o rechazados en este. El poeta y ensayista parisino Charles Baudelaire (1821-1867), más conocido hoy en día por su infame colección de poemas *Las flores del mal* (1857), consolidó su persona pública de bohemio decadente no solo a través de su obra lírica y de su escabrosa vida personal, sino también mediante las observaciones que llevaba a cabo como crítico de arte. Baudelaire era plenamente consciente de que el arte y la literatura en conjunto tenían la capacidad de reflejar otras realidades que eran normalmente ignoradas o evitadas; sabía que el arte podía ser liberador cuando entraba en contacto con la ficción. En su crítica del Salón de 1846, Baudelaire destaca cómo el arte de Delacroix está influenciado directamente por las obras de Dante y de Shakespeare –a los que también se refiere como «pintores» en su capacidad de retratistas metafóricos de los intereses de sus épocas–, y afirma que la relación entre lo pictórico y lo literario tiene, en este caso, el poder de representar con total claridad «el dolor humano» (2022: 91). En repetidas ocasiones, no obstante, el poeta maldito llama la atención sobre otro aspecto del mundo artístico que, en su opinión, tiene un gran poder para cambiar la forma en la que sus contemporáneos piensan: el estudio del artista. Baudelaire expresa que las convenciones del Salón de París y el gusto burgués han otorgado fama y gloria a artistas que verdaderamente no la merecen, y clama, en consecuencia, que es en el taller del artista donde realmente deben contemplarse las herramientas con las que este cuenta y el valor de su arte (2022: 67).

Años más tarde, a finales ya casi del siglo XIX, otro importante escritor francés llegaría a las mismas conclusiones a las que llegó Baudelaire sobre la importancia de este espacio y sobre la estrecha y fructífera relación que el arte pictórico y la literatura deberían guardar en todo momento. El también parisino Émile Zola (1840-1902) combinó a lo largo de casi toda su vida su papel como escritor líder del naturalismo francés con su afición por el arte, la cual queda patente en sus numerosos ensayos y reseñas sobre las exposiciones del Salón, y en su apoyo casi constante al impresionismo. En sus escritos sobre arte, Zola va incluso más allá que Baudelaire y nos revela, claramente, la forma en la que el taller del artista puede entenderse como un engranaje del ensamblaje social de la época donde pueden cuestionarse libremente otros aspectos de dicho ensamblaje social. Esto se ve, claramente, en los ensayos *Mon Salon* (1886) y *Édouard Manet, Étude Biographique et Critique* (1867), en los que, centrándose en la figura de Manet, Zola parece articular lo que Virginia Woolf diría años más tarde en su *Una habitación propia*,

que para que un artista pueda desarrollarse y examinar
la sociedad que le rodea con libertad, este precisa de un
espacio propio donde poder trabajar, un espacio libre de
las convenciones y de los binarismos que, por otro lado,
asolan y condicionan la domesticidad decimonónica.
Esto se ve claramente cuando Zola, ante el rechazo de
Manet por parte del jurado del Salón, encomia al pintor
a retirarse a su estudio, afirmando que es el lugar donde
puede brillar al margen de los dictados de la sociedad:

> Consuélese. Usted ha sido rechazado y apartado y merece
> vivir apartado. No piensa como toda esa gente, pinta
> usted desde el corazón y desde el cuerpo, es la suya una
> personalidad que se impone y se afirma. Sus lienzos son
> incómodos entre el envaramiento y el sentimentalismo
> de nuestra época. *Quédese en su estudio. Allí iré a buscarle
> y a admirarle* (1991: 112; énfasis propio).[5]

Zola reconoce en su ensayo, pues, que lo verdaderamente transgresivo –como se consideraba el arte de Manet
al principio de su carrera– no tiene lugar en la sociedad,
ante los ojos del gran París que se reúne anualmente en
el Salón. En su lugar, lo nuevo, lo auténtico, requiere de
un espacio propio donde pueda ser admirado por gente
afín que se desvía del espíritu tradicionalista y sentimental

---

[5] «Consoles-vous. On vous a mis à part, et vous méritez de vivre
à part. Vous ne pensez pas comme tous ces gens-là, vous peignez
selon votre coeur et selon votre chair, vous êtes une personnalité qui
s'affirme carrément. Vos toiles sont mal à l'aise parmi les niaiseries et
les sentimentalités du temps. Restez dans votre atelier. C'est là que
je vais vous chercher et vous admirer».

de la época, gente que busca nuevas formas de observar la realidad. En otra ocasión, igualmente significativa, el escritor afirma que la única forma de entender con exactitud el arte de Manet es visitando su estudio:

> Fue en [su] estudio donde comprendí plenamente a Monsieur Manet. Lo había amado instintivamente; a partir de entonces, no obstante, comprendí su talento, el talento que voy a intentar analizar. En el Salón, sus lienzos lloraban bajo la dura luz, en medio de las baratijas colgadas a su alrededor. Por fin pude verlos por separado, como debe verse todo cuadro, en el mismo lugar donde habían sido pintados (1991: 116).[6]

En otras palabras, Zola vuelve a demostrar que es consciente de la importancia del estudio del artista como un espacio en el que puede tener lugar y ser aceptado aquello que la sociedad en su dirección colectiva no puede apreciar. Zola es consciente de la liminalidad del estudio del artista, de la posibilidad que ofrece para observar la realidad desde otra perspectiva, por ser un lugar separado de las convenciones sociales de la época y por ofrecer, además, una nueva forma de entender al pintor, a aquel que habita el estudio. El autor nos describe, además, cómo gran parte del poder del estudio del artista reside,

---

[6] «C'est dans cet atelier que j'ai compris complètement Monsieur Manet. Je l'avais aimé d'instinct; dès lors, j'ai pénétré son talent, ce talent que je vais tâcher d'analyser. Au Salon, ses toiles criaient sous la lumière crue, au milieu des images à un sou qu'on avait collées au mur autour d'elles. Je les voyais enfin à part, ainsi que tout tableau doit être vu, dans le lieu même où elles avaient été peintes».

precisamente, en que es un sitio en el que no solo puede ofrecerse resistencia a la opinión popular, a las tradiciones aceptadas, sino que también es un espacio donde dichas tradiciones pueden ser observadas y analizadas con un cariz crítico o cuestionador. A fin de cuentas, el estudio de Manet no se nos presenta como una especie de torre de marfil preservada perfectamente de cualquier tipo de interacción mundana, sino que, al contrario, es un lugar en el que el mundo personal del pintor, su visión particular de la realidad y su análisis de esta se encuentran con la sociedad, representada por los clientes, modelos y mecenas que vagan por dicho espacio (1991: 143-57).

Podemos apreciar, por tanto, cómo a ojos de Zola el estudio del artista es un lugar liminal —entre lo privado y lo público, entre la tienda y el santuario— y, además, un espacio en el que la sociedad, entendida como un ensamblaje compuesto por numerosos engranajes, puede ser cuestionada y estudiada al detalle por medio del arte que ella misma rechaza. Su insistencia en que el estudio del artista es el único lugar donde sus obras están a salvo del mal gusto popular y de sus tradiciones estéticas confirma que, siguiendo la metáfora propuesta por la teoría del ensamblaje, este espacio es uno de los engranajes que más entra en contacto con otros aspectos sociales, uno de los engranajes que mejor nos permite observar las influencias de los otros y cuestionar su buen funcionamiento dentro del conjunto total de la sociedad. En ninguna de las obras del autor parisino se ve esto de forma más clara que en su novela *La obra* (1886).

La obra es la decimocuarta novela que compone el ciclo de *Los Rougon-Macquart*, una serie de narraciones en las que Zola pretendió plasmar el esplendor y la decadencia de la Francia del II Imperio siguiendo los principios del naturalismo. La saga, que da comienzo con *La fortuna de los Rougon* (1871) y concluye con *El doctor Pascal* (1893), sigue el devenir de tres familias francesas –todas ellas vinculadas en su genealogía original– a lo largo de la segunda mitad del siglo XIX: los Rougon, los Macquart y los Lantier. A lo largo de las veinte novelas que componen la totalidad de la saga, Zola presta especial atención a la forma en la que la sociedad, la genética y la educación influyen y condicionan el desarrollo de los individuos que componen una familia, tratando de plasmar una especie de «humanidad en miniatura» (Zola, 2020: 230). Su descarnado naturalismo lleva a Zola a retratar escenas llenas de enfermedades, egoísmos, pobreza, decadencia y pérdida de poder que contrastan brutalmente tanto con el ambiente de la sociedad del II Imperio como con la fortuna y el poder originales de los Rougon, que se tuerce y se pervierte en cada novela debido a las decisiones que toman sus protagonistas y al claro deterioro biológico de sus fuerzas y capacidades. El protagonista de *La obra*, Claude Lantier, es, además, un pintor impresionista (aunque Zola prefiera utilizar el término original de pintor del *plein air*) cuyas creencias estéticas, claramente basadas en las de los impresionistas, chocan no solo con la sociedad que le rodea, sino también con su historia familiar y con sus capacidades mentales. De esta forma, la novela nos ofrece una clara visión del conflicto que se genera cuando un individuo debe enfrentarse no solo a su sociedad, sino también a sí mismo. Como bien apuntó Zola en las notas preparatorias para escribir la novela:

Con Claude Lantier quiero pintar la lucha del artista contra la naturaleza, el esfuerzo de creación en la obra de arte, esfuerzo de sangre y de lágrimas para dar su carne, insuflar vida; siempre en batalla con lo verdadero, y siempre vencido, la lucha contra el ángel. En una palabra, contaré allí mi vida íntima de producción, ese perpetuo parto tan doloroso; pero agrandaré el tema mediante el drama, por Claude, que no se contenta nunca, que se exaspera por no poder acomodar su genio, y que al final se mata frente a su obra inacabada. No será un impotente, sino un creador de ambición excesiva, que quiere meter a la naturaleza entera en una tela y que muere a consecuencia de ello (citado en Echevarría, 2007: 37).

La frustración de Claude y su trágico final vienen dados, principalmente, por su frustración ante su incapacidad de reproducir aquello con lo que se obsesiona: la naturaleza y la luz en estado perfecto. No obstante, Zola se olvida de mencionar (o, quizás, no contaba con ello cuando aún estaba preparándose para escribir la novela) que, en esta lucha entre la creatividad y la frustración, la sociedad parisina también jugará un papel importantísimo, y que el propio Claude sucumbirá tanto a su ambición truncada como a las presiones de una sociedad incapaz de apreciar el auténtico genio, cegada como está por sus tradiciones y sus convencionalismos. De esta forma, Zola representa el estudio del artista a lo largo del texto de forma similar a como concibió con anterioridad el estudio de Manet: un espacio liminal desde donde observar la realidad y desde donde analizarla y reconstruirla lejos de estos mismos convencionalismos. El estudio de Claude Lantier sintetiza y demuestra de forma clara cómo la sociedad en sí misma es un ensamblaje, y cómo cada uno de sus engranajes convergen en el espacio del estudio del artista. Y, a pesar de que se ha escrito largo y tendido sobre la exégesis literaria de *La obra*, no existen estudios académicos que pongan de manifiesto hasta qué punto el taller o estudio de Lantier es un espacio liminal que sirve para reorientar al protagonista y al lector hacia otras formas de ver la vida, hacia nuevas perspectivas que dejan en evidencia la crudeza y el impacto de la constante lucha decimonónica entre la sociedad y el individuo.

La crítica literaria, como se ha indicado con anterioridad, ya ha dejado constancia de que *La obra* es una *ficcionalización* de las opiniones de Zola como crítico literario (Echevarría, 2007: 14). Mucho se ha escrito también sobre cómo estas opiniones llevaron a que Zola se separase o fuese rechazado por la segunda generación de impresionistas, que veían sus creencias artísticas como «injustas» o «prejuiciosas» –tal y como el propio Vincent van Gogh apuntaría en su correspondencia (citado en Echevarría, 2007: 17)–. Y, por supuesto, se ha descrito en numerosas ocasiones que *La obra*, a consecuencia de lo que los impresionistas de la época percibían como sus «prejuicios», supuso el fin de la íntima amistad entre Zola y Paul Cézanne (Echevarría, 2007: 13) (en quien, en parte, se basa Zola para crear a Claude Lantier y cuya amistad queda reflejada de forma bastante fidedigna en la novela por el vínculo que une a Lantier con su amigo escritor Pierre Sandoz, en el que se ve mucho del propio Zola). Para comprender bien, no obstante, la forma en la que esta novela representa y critica a la sociedad finisecular francesa, propongo que dejemos esas cuestiones de lado y prestemos especial atención a continuación a la función que el estudio del artista ejerce a lo largo de *La obra*.

El primer estudio de Claude (que irá pasando por una sucesión de distintos espacios similares a lo largo de la novela) se sitúa «en el altillo del antiguo palacete de Martoy» (2020: 55), algo poco sorprendente si tenemos en cuenta la similitud que guardan París y Roma en cuanto a la distribución de espacios liminales, que ya observamos durante el análisis de *El fauno de mármol*. Lo curioso en este caso es que la narrativa comienza cuando Claude invita a una mujer completamente desconocida, Christine, a subir a su estudio, debido a que esta se ve en plena noche bajo un aguacero sin medios para llegar a Passy, donde la esperan para que ejerza de dama de compañía de una rica anciana (2020: 58). Christine accede a acompañar a Claude, lo que viene a poner de manifiesto, una vez más, la liminalidad de este espacio en cuanto a las reglas sexuales y de género de la sociedad decimonónica. El estudio se nos presenta como un espacio donde lo ilícito puede ocurrir, donde un hombre y una mujer desconocidos pasan la noche cuando en cualquier otro entorno doméstico esto hubiese sido prácticamente impensable. Zola aprovecha entonces la ocasión para presentarnos las dudas de Claude sobre cómo actuar en concordancia con sus deseos sexuales en un lugar en el que la sociedad parece no poder juzgarlo: «No conseguía dejar de pensar en aquella muchacha, mientras se debatía sordamente entre el desprecio que gustaba de afectar y el temor a complicarse la vida si cedía, pasando por el temor a parecer ridículo si no se aprovechaba de la ocasión; pero acababa por prevalecer el desprecio» (2020: 62). En un espacio alejado de las convenciones sociales, es, al final, la voluntad propia del individuo la que debe considerarse y prevalecer, en lugar de la imitación impuesta por las normas que deberían darse en cualquier otro espacio.

Incluso a la mañana siguiente, Claude es incapaz de ver en Christine un objeto de deseo sexual, y en su lugar solo puede ver un objeto de deseo artístico: «no le dirigía más que esas limpias miradas de pintor para quien la mujer ha desaparecido y que no ve sino a la modelo» (2020: 68). En este aspecto, el estudio del artista también se nos presenta como un espacio distinto a cualquier otro espacio social, en tanto que legitima la desnudez femenina y la transforma, haciendo que, en vez de ser un tropo de potencial inmoralidad, sea visto como algo artístico y capaz de inspirar al pintor. El hecho de que esta legitimación tenga lugar en este espacio no es casual, pues a fin de cuentas nos muestra, como ya hiciese Murger en *Escenas de la vida bohemia*, que un espacio, un hogar, visibiliza y hace tangible aquello que es propio de un individuo, y que quizás no puede mostrar ante los ojos de una sociedad que no le comprendería (Bachelard, 1975: 80).

Esta es, pues, la primera forma en la que Zola utiliza el estudio del artista como un engranaje cuyas muescas entran en contacto con las de otro engranaje que compone el ensamblaje social. El estudio del artista está en contacto aquí claramente con la moralidad sexual burguesa de la época, la misma que establecía a la mujer como un individuo perteneciente a la esfera privada, sin deseo sexual, y que debía emular en todo momento al ideal del *ángel* en el hogar; así como con la idea de la «caballerosidad» masculina. No obstante, estas consideraciones se ponen en pausa en el estado liminal del estudio del artista, donde ni la mujer ni el hombre actúan como se espera de ellos. Las normas sexuales de la época se van viendo cada vez más cuestionadas en el estudio del artista, concretamente, conforme la novela avanza. Al principio, Christine se muestra consciente del peligro que supone estar en un lugar en el que las normas a través de las cuales se ha guiado toda su vida parecen no aplicarse, y el narrador nos transmite su escándalo al encomiarnos a imaginar el *shock* de «esa pudorosa sensual en aquel ambiente libre de los artistas» (Zola, 2020: 78). Sin embargo, a medida que pasan los capítulos, Christina termina estableciendo una relación clandestina con Claude y ambos se encuentran constantemente en el estudio, un lugar que les permite llevar esto a cabo lejos de los ojos de la sociedad (2020: 157). Incluso las otras mujeres que aparecen en el estudio de Claude desprecian la idea del *ángel* del hogar, que allí parece torcerse y convertirse, más precisamente, en una suerte de súcubo del estudio. Así, las modelos se muestran completamente ajenas a las normas y acuden a desnudarse con facilidad entre las cuatro paredes de Claude. Como apunta Zola sobre Irma Bécot, una de las modelos del pintor: «ella prodigaba sus juveniles encantos por todos los estudios de los pintores, con tal frenesí físico que cada semana tomaba el portante […] y se iba» (2020: 171); «la llena de satisfacción exhibirse. Viviría desnuda […] Desnúdate, querida, vamos. ¡El pecho nada más!» (2020: 172).

Christine se persona en el estudio a tiempo de contemplar esta escena, y es entonces cuando la visión estándar de la sociedad entra en conflicto con lo que sucede en el estudio del artista. Christine aún pretende seguir las normas que su género le impone a finales del siglo XIX y se da cuenta de lo ambiguo y moralmente peligroso que es el estudio del artista, por lo que teme que se contagie de lo que allí ocurre y pierda el rumbo, la orientación general que su vida le ha ido marcando:

Por otra parte, durante largo tiempo aquel ambiente artístico brutal, aquel estudio lleno de cuadros violentos había seguido siendo para ella una fuente de angustia. No podía habituarse a las desnudeces realistas de las modelos [...] no comprendía nada de ellos, ella que había crecido en el amor y la admiración por un arte tan distinto, las finas acuarelas de su madre (2020: 173).

Pero, finalmente, la influencia de lo que ocurre en el estudio tiene impacto sobre Christine, que abandona su educación y la dirección colectiva para reorientarse hacia una realidad en la que la moralidad sexual se puede entender de una forma distinta. De hecho, no solo cede finalmente a posar desnuda para Claude (2020: 181), sino que a partir de ese momento establecen una relación sexual y una convivencia doméstica sin la sanción del matrimonio, algo que, una vez más, pueden llevar a cabo gracias a la libertad que el estudio del artista les concede, un espacio que no les exige vivir de acuerdo con las rígidas distinciones que se aplicaban en otros entornos domésticos decimonónicos. En este ambiente, la figura del *ángel* del hogar queda totalmente destruida cuando Christine, tras haber tenido un hijo ilegítimo con Claude, afirma que prefiere su rol de amante al de esposa o incluso al de madre: «no era más que una amante, habría dado cien veces el hijo por Claude» (2020: 226).

No obstante, la sexualidad y el matrimonio no son las únicas tradiciones de la sociedad decimonónica que se ven cuestionadas a través de la liminalidad del estudio del artista en *La obra*. Desde el principio de la novela, las descripciones materiales de este espacio nos permiten observar cómo este entra en contacto y sirve para analizar otros engranajes de la cultura típica francesa del fin de siglo. Así, el primer estudio de Claude se le presenta al lector, a través de los aún desacostumbrados ojos de Christine, de la siguiente forma:

> Cierto que el estudio seguía espantándola un poco. Le lanzaba miradas prudentes, estupefacta por semejante desorden y dejadez. Delante de la estufa yacían amontonadas aún las cenizas del pasado invierno. Aparte de la cama, el pequeño aguamanil y el diván, no había más muebles que un viejo y desvencijado armario de roble y una gran mesa de pino, atestada de pinceles, de colores, de platos sucios, una lámpara de alcohol, sobre la que había quedado una cacerola con fideos [...] Aquí y allá había dispersas unas sillas de enea despajadas, entre unos caballetes cojos. Cerca del diván, la vela de la víspera estaba tirada por el suelo, en un rincón del parqué, que debía de barrerse una vez al mes; [...] Pero lo que sobre todo la espantaba eran unos bocetos que colgaban de las paredes, sin enmarcar, una cascada de bocetos que descendía hasta el suelo, donde se amontonaban en un hacinamiento de telas tiradas en desorden. Nunca había visto una pintura tan terrible, rugosa, resplandeciente, de una violencia de tonos que la hería como un juramento de carretero oído en la puerta de una posada. Bajaba los ojos, aunque atraída, sin embargo, por un cuadro vuelto del revés [...] Y el chorro de luz del sol abrasador que se filtraba por los cristales se desplazaba a través de la vasta estancia, sin que lo amortiguara ninguna persiana, derramándose como oro líquido sobre todos aquellos restos de mobiliario, cuya despreocupada miseria no hacía sino acentuar (2020: 69).

Apreciamos, pues, ya desde este primer momento de la novela, que el estudio del artista no se asemeja a ningún otro espacio típico de la época. El horror que la estancia le causa a Christine está directamente relacionado, en todo momento, con tres aspectos que también son importantes para comprender bien la novela de Zola y, de hecho, todo el ciclo de *Los Rougon-Macquart*: la pobreza, la incapacidad de valorar lo novedoso y el estado mental de Claude.

En primer lugar, el estudio de Claude sirve para examinar de cerca la increíble pobreza económica de una gran mayoría de personas que vivían cercanas, por otro lado, a la inconmensurable riqueza y esplendor del II Imperio francés. La estancia de Claude, así como todos los otros estudios artísticos que aparecen en *La obra*, contrastan de manera drástica con todas las demás representaciones sociales de la época, en las que la riqueza y la abundancia aparecen de forma desmedida. El estudio del artista entra, pues, en contacto también con el engranaje que representa las diferencias de clase y el extremo hasta el que afectan a la dignidad y a la salud del ser humano. Zola se permite hacer de esta novela una crítica a la sociedad de su época, no tanto a través de la exposición melodramática o peripatética de casos individuales –como harían autores tales como Dickens o Thomas Hardy–, sino más bien a través de enseñarnos cómo las condiciones materiales típicas de la pobreza impactan en el hábitat de sus personajes y los lleva a vivir en condiciones insalubres que acaban por provocarles grandes daños personales. Zola desarrolla esta idea a lo largo de la novela, cuando nos presenta otros estudios artísticos, como el de Mahoudeau, el amigo escultor de Claude y de Sandoz, cuyo estudio se encuentra en una antigua frutería y en el que aún se ven los letreros de «frutas y verduras» en el escaparate: «y la miseria típica de los estudios de escultor, esa suciedad propia del oficio era más acusadas bajo la mortecina claridad de los cristales pintarrajeados del escaparate» (2020: 122). En este caso, el estudio del artista pone de manifiesto la pobreza no solo del artista que lo habita, sino también la que, de acuerdo con Zola, suele acompañar a la mayoría de los escultores. Esta perentoria descripción de un espacio sucio y maloliente contrasta con las gloriosas esculturas que eran anualmente admitidas en el Salón, y que ponían en evidencia la grandeza del II Imperio: e incluso cuando Claude se muda a otros dos estudios distintos, la pobreza sigue siendo un elemento destacable de ambos, sin importar el relativo éxito de sus pinturas:

> [El segundo estudio de Claude era] pequeño e incómodo, estaba constituido solo por un estrecho cuarto y una cocina no más grande que un armario: había que comer en el estudio. Lugar donde hacía su vida la pareja con el niño enredando por en medio. Y [Christine] había tenido mal que bien que sacar partido de sus cuatro muebles, pues quería evitar gastos [...] ¿Qué hacer en aquella estancia alargada, un pasillo, que el propietario tenía la desvergüenza de alquilar a cuatrocientos francos a pintores, tras haberla provisto de una vidriera? Y lo peor era que aquella vidriera, que daba al norte, encajonada entre dos altos muros, no dejaba pasar más que una luz verdusca de sótano (2020: 285-6).

Pero es en el tercer y último estudio, en el que reside la familia ilegítima de Claude, en el que finalmente Zola ejecuta su crítica más cruda a las condiciones de pobreza que existían en un París aparentemente perfecto. Pues, aunque el hijo de Claude y Christine, Jacques, nace con una enfermedad no especificada a lo largo de la novela, es en el tercer estudio donde finalmente muere rodeado de pobreza y miseria, dándose a entender al lector que el insalubre ambiente de la estancia ha sido el que ha terminado por desgastar la precaria salud del niño (2020: 293, 326, 360-1). Y es que este último estudio no es más que un «taller de quince por diez metros [que] no daba más que para una estancia, un cobertizo […] [con] grietas del tejado, por donde se filtraba el viento […] Era aquel un espacio lúgubre, con sus cuatro muebles que bailaban a lo largo de las paredes desnudas» (2020: 326). Así, tras la paulatina decadencia de cada uno de los estudios de Claude y las crecientes desgracias y fracasos que le acaecen en cada uno de ellos, hasta terminar con la muerte de su hijo de doce años, Zola consigue ilustrar mediante este espacio las tristes privaciones a las que se sometían muchas personas, al mismo tiempo que la sociedad parisina era considerada por el resto del mundo occidental una suerte de pináculo de la elegancia y el refinamiento. El estudio del artista, a través de su capacidad de representar y examinar cada uno de los engranajes que componen el ensamblaje social cuando coincide con ellos, produce una reorientación que permite a los lectores ver la Francia del II Imperio como un lugar de pobreza y miseria, de fatalidad y de decadencia genética en el que la genialidad es rechazada a costa de perpetuar las tradiciones y los convencionalismos, como si todo lo que se escapase de la imagen que intenta proyectar debiese ser ocultado o puesto en segundo plano, como los cuadros impresionistas que el Salón de París rechazó. A fin de cuentas, el *künstlerroman*, por su descripción íntima de la evolución moral y material del artista, es un tipo de narrativa que ejemplifica claramente las palabras de Prieto y Martín: «en el siglo XIX el protagonismo de la vivienda en la literatura llega a su punto más alto. Los sentimientos y las actitudes que los personajes tienen respecto a sus casas no son un dato más, sino que pueden ser el rasgo definitorio de su carácter y de su actitud [...] social» (2020: 244), y, por tanto, en *La obra*, la relación de Claude con su vivienda –con su estudio–, que se convierte en el cobijo de su obsesión y en la representación material de su pobreza y de su rechazo social, debe entenderse como un elemento que nos orienta hacia la realidad individual mediante su interacción con diversos aspectos sociales, por encima de la imagen ensamblada de una sociedad refinada y elegante que se pretendía dar en la Francia de la época.

Esto nos lleva, directamente, a los dos siguientes aspectos íntimamente relacionados con el estudio del artista que aparecen en la novela: la incapacidad de valorar lo novedoso en una sociedad que se basa mayoritariamente en las apariencias, el rechazo de lo revolucionario, y la salud mental. Cuando el narrador nos presenta el trabajo de Claude por primera vez, se nos dice que su obra no encaja con los cánones de la Academia, tal y como les ocurrió a los primeros impresionistas. Ante la idea de sacrificar sus ideales artísticos y dedicarse a una pintura más aceptada y comercial, el narrador nos informa de que Claude «preferiría morirse de hambre a recurrir a la pintura comercial, a pintar retratos para burgueses, cuadros de temática religiosa de pacotilla, paneles de restaurantes y letreros para las comadronas» (2020: 93). En su lugar, la única obsesión de Claude es pintar «las cosas y los seres tal y como se comportan a la luz del día» (2020: 97). Esta obsesión no hace sino consolidar que todos los años sus obras, por mucho que sean admiradas por otros artistas y por mucho que satisfagan las ambiciones de Claude, sean rechazadas por los miembros del jurado del Salón. Eventualmente, el estudio del artista pasa a ser un símbolo del rechazo de la sociedad –de la forma en la que el arte de Claude no consigue encajar en ella– y de la malsana obsesión, rayana en la locura, que esto le genera al protagonista.

Así, es en el estudio donde Claude manifiesta sus primeros ataques de ira descontrolada, ante la imposibilidad de representar su ideal en su cuadro *Plein Air* (claramente inspirado en el célebre *Desayuno en la hierba* (1863) de Manet):

> ¡Rediós!, tampoco esta vez lo he conseguido [...] ¡Decididamente soy un inútil, no haré nunca nada que valga la pena! –Y, en un arrebato, un ataque de loca rabia, quiso arrojarse sobre el lienzo para reventarlo de un puñetazo [...] Enloquecía todavía más, irritado por aquella ignorada herencia, que le hacía a veces la creación tan feliz y otras le idiotizaba de esterilidad (2020: 106).

Zola hace referencia a la decadencia familiar que plasma a lo largo del ciclo de *Los Rougon-Macquart*, cuando habla de la «ignorada herencia» de Claude, que poco a poco le va conduciendo a la locura. Pero la locura de Claude no hace sino evolucionar y tornarse más y más compleja ante los continuos rechazos que reciben sus lienzos y ante las condiciones de pobreza que, en consecuencia, se van apoderando de su existencia, hasta que el estudio se vuelve una suerte de prisión, ya que plasma y refleja los infructuosos resultados de su esfuerzo: «Su estudio se le antojaba un lugar de horror, donde no podía seguir viviendo, como si hubiera dejado allí el cadáver de un afecto muerto» (2020: 120). Incluso cuando su obra *Plein Air* es finalmente admitida a la exposición del Salón, se encuentra con risas y abucheos de los espectadores parisinos, que exclaman: «*plein air*, ¡oh, al aire libre, con el culo al aire, todo al aire, tralalá, tralalá» (2020: 196). La locura de Claude se va componiendo, pues, no solo con el rechazo hacia sus pinturas, sino también con el hecho de que el motivo principal por el que la sociedad francesa las rechaza es por sus temáticas, que, de una forma u otra, reflejan el ambiente bohemio y liberal del estudio del artista. *Plein Air*, como el *Desayuno en la hierba*, muestra a unos hombres sentados y a unas mujeres desnudas en el fondo, por lo que el cuadro pronto se convierte en sinónimo de escándalo y sus espectadores no consiguen apreciar la técnica novedosa de Claude, al centrarse simplemente en la cuestión superficial de los desnudos que aparecen en la obra. Su desilusión y su desconexión con la realidad aumentan a medida que la pobreza va haciendo que se mude a estudios peores (como hemos visto antes) y a medida que el jurado y la sociedad siguen rechazando sus obras, pues, aunque «durante tres años, Claude luchó sin flaquear, acicateado por los fracasos, sin abdicar de ninguna de sus ideas, tirando adelante con la rudeza de la fe» (2020: 287), no cosecha ningún éxito ni ninguna venta.

Finalmente, el último estudio de Claude se torna en un infierno personal en el que, en condiciones míseras, comienza a confundir su arte con la realidad. Christine se da cuenta de que una de las mujeres que Claude pinta incesantemente en un enorme lienzo que ocupa casi todo el estudio se ha convertido en una realidad para el artista: «¡Celosa! Sí, lo estaba, y hasta agonizar de sufrimiento. Pero las otras mujeres no le producían ninguna preocupación, ¡todas las modelos de París podían despojarse allí de sus enaguas! No tenía más que una rival, aquella pintura preferida que le arrebataba a su amante» (2020: 329). Así, Claude, empieza a verse como un ser capaz de crear vida a partir de su pintura, como una suerte de deidad atrapada entre los muros del estudio del artista, pues este se ha convertido en su única realidad, hasta el punto de enamorarse de una de sus creaciones (2020: 457). Al final de la novela, Claude no abandona su estudio en ninguna circunstancia, y sus creaciones se van alejando cada vez más de la norma aprobada por la sociedad tradicional: «Pero, ¡mírala otra vez, mira a tu mujer de allí arriba [en el lienzo]! ¿Ves en qué monstruo la has convertido en tu locura? ¿Quién está hecho así? ¿Con las piernas de oro y unas flores en el vientre? [...] Despierta, abre los ojos, vuelve a la vida real» (2020: 458). De todas formas, y a pesar de los ruegos de Christine y de sus amigos, Claude se suicida al colgarse de una viga del estudio con la suficiente altura como para poder contemplar su obra en sus últimos momentos. De esta forma, la representación del estudio en la novela de Zola adquiere de forma definitiva su rol como elemento orientador. El estudio termina simbolizando todas las formas en las que la sociedad ha fallado a Claude y todas las formas en las que Claude, a su vez, ha sido incapaz de encajar con la sociedad de su momento. Es el claro reflejo de las consecuencias de desviarse de las direcciones colectivas y tomar una dirección propia como un individuo cuya supervivencia depende de lo social. Como dice Ahmed: «Las orientaciones tratan de la dirección que tomamos, que ponen algunas cosas a nuestro alcance y otras no» (2006: 83), y en el caso de Claude, sus orientaciones, dirigidas hacia todos los aspectos (o engranajes sociales) que la cultura del XIX francés rechaza o menosprecia, terminan direccionándolo hacia una muerte prematura condicionada por la representación material de su propio fracaso: la pobreza de su estudio y su arte incomprendida y demente.

En definitiva, el estudio del artista juega un rol fundamental en la representación de la pobreza, del rechazo social y de la salud mental en *La obra*. Con cada nuevo estudio que el protagonista alquila, Zola nos lleva a nuevos niveles de pobreza y de penuria, mientras que el rechazo social que reciben las obras que elabora Claude reflejan, de una forma u otra, las libertades sexuales y culturales que, como vimos a principios de esta sección, el estudio del artista posibilita. A su vez, este rechazo a la orientación social predominante conlleva no solo la pobreza del protagonista, sino también su incapacidad de reconciliar la realidad que le rodea con sus principios, dando pie a que su salud mental se resienta y que su espacio personal –el estudio– se vuelva el único universo que le importa, y el único lugar en el que puede vivir y expresarse. La forma en la que Claude se empecina en la genialidad de su doctrina artística no hace sino consolidar que el estudio se convierta en la materialización de todos los fracasos sociales que cosecha, pues, a fin de cuentas, podemos afirmar que «cuando las cosas se usan repetidamente de cierta manera, se hace más difícil que las cosas se usen de otras maneras. Aquellos para quienes el uso es más difícil están tratando de usar las cosas de otras maneras» (Ahmed, 2019: 273). O, en otras palabras, podemos afirmar que la insistencia en usar el arte de una forma novedosa en la que Claude está sumido le imposibilita conectar con su realidad social de una forma que le permita medrar, haciendo que su estudio se convierta en la representación física de su incapacidad para tener éxito (o encajar) en cualquiera

de los ámbitos sociales con los que entra en contacto.
Como ya indicaban Prieto y Martín, a fin de cuentas, los
espacios domésticos ficticios nunca habían tenido, hasta el
siglo XIX, «tantos significados políticos y sociales, nunca
había sido el centro de la ficción desde el que explicar los
comportamientos de los personajes que la habitan» (2006:
244). Y esto es, precisamente, lo que Zola consigue hacer
aquí de forma magistral. En otras palabras, el estudio del
artista evidencia distintos aspectos de la sociedad decimonónica occidental y la forma en la que se influencian
e interactúan entre ellos. La libertad sexual que el estudio
permite representar lleva, en parte, a la impopularidad de
la obra de Claude, que la refleja. Esta impopularidad, a
su vez, da pie a la pobreza y a la locura del protagonista,
que están, por otro lado, íntimamente relacionadas entre
sí. Es el estudio del artista en *La obra*, en definitiva, un
espejo que nos permite ver la cara oculta de la sociedad
francesa del II Imperio. La novela, al ser un *künstlerroman*,
nos permite observar la vida del artista a lo largo de su
desarrollo y, por tanto, nos acerca a muchos aspectos de
su sociedad de una forma distinta, pues, como cualquier
persona que haya leído *La obra* puede atestiguar, la visión
de un artista puede llegar a variar mucho de la imagen
estándar que se nos ha transmitido sobre una época. La
evolución del estudio del artista acompaña en este tipo
de novela a la evolución del propio artista, por lo que no
es de extrañar que, como Diana Fuss indica, el interior
de este espacio llegue a representar de forma material la
psicología y la vida interior del personaje: la mente del
protagonista, a fin de cuentas, se nos dibuja a través de los
cambios en su estudio y su obsesión con este (2004: 1).
Al fin y al cabo, y como ya sugería Bachelard, el espacio

físico es uno de los más poderosos medios a través del cual integrar y plasmar los pensamientos, los recuerdos y los sueños de un individuo (1975: 29). El espacio del estudio nos permite, por tanto, observar las consecuencias de algunos de los engranajes que componen el ensamblaje social que normalmente suelen ser ignorados u olvidados. En este sentido, el propio estudio puede entenderse como otro engranaje que entra en contacto con los mecanismos más desagradables y recónditos de la cultura del siglo XIX, permitiéndonos observar la pobreza, el rechazo y la locura en una sociedad cuya orientación primordial estaba enfocada hacia el éxito, las apariencias y el estatus social.

4.2. Emilia Pardo Bazán: *La quimera* (1905)

Emilia Pardo Bazán (1851-1921), condesa de Pardo-Bazán, fue una de las figuras femeninas más prominentes de la España finisecular y de comienzos del siglo XX. Novelista, periodista, ensayista, crítica, dramaturga, traductora, editora, catedrática y, en último lugar, académica fallida –por la resistencia de la Real Academia de la Lengua Española a admitir a una mujer entre sus miembros–, la aristócrata gallega escribió una inmensa cantidad de textos, tanto ficticios como no ficticios, muchos de los cuales se consideran grandes obras de la literatura española. Aparte de su defensa de los derechos de la mujer y del incipiente movimiento feminista, Pardo Bazán es también conocida por ser una de las pocas autoras españolas de la época que se mantuvo, a lo largo de su vida, en contacto con las ideas que se estaban desarrollando en el resto de Europa y, más específicamente, en Francia e Inglaterra, examinándolas minuciosamente, criticándolas y, en ocasiones, incluso re-adaptándolas a la cultura decimonónica española. En este sentido, es especialmente interesante notar cómo la condesa de Pardo-Bazán introdujo en España el movimiento literario del naturalismo a través del estudio minucioso de la obra de Zola. Y es que ambos autores compartieron, sin ser ellos quizás plenamente conscientes, muchos elementos artísticos desde el principio de sus carreras. Al igual que Zola, Pardo Bazán también dedicó una gran parte de sus inicios literarios a la crítica del arte y a visitar salones y exposiciones para publicar sus impresiones de estos y, por consiguiente, del desarrollo de las artes europeas.

A diferencia de los escritos artísticos de Zola, e incluso de Baudelaire, las observaciones de Pardo Bazán iban mucho más allá de indagar en los elementos pictóricos o biográficos que hacían de la obra de un artista algo único o digno de atención. Las reseñas de las diversas exposiciones europeas que doña Emilia visitó a finales del siglo XIX muestran también un profundo análisis de la sociedad de la época que deja al lector con pocas dudas sobre el carácter ensamblado de dicha sociedad. Pardo Bazán refleja, con claridad, cómo el arte está integrado en la sociedad y cómo la sociedad está integrada en el arte, y cómo es de difícil pensar en una sin pensar en el otro, y viceversa, debido a que, bajo los agudos comentarios de su pluma y de su acerbo estilo humorístico, se nos revela una realidad en la que todos sus elementos –o engranajes, por continuar con la teoría del ensamblaje– están profunda e intrínsecamente ligados entre sí.

Un claro ejemplo de esto lo encontramos en su libro *Al pie de la Torre Eiffel* (1889), en el que, además de exaltar las maravillas del París artístico y el esplendor de la sociedad francesa –reflejado en el nuevo «coloso de hierro» (1889: 80) y en su «bacanal de luces» (1889: 102)–, Pardo Bazán nos habla también desde su papel de madre. La condesa no solo se centra en las maravillas parisinas del *fin de siècle*, también aporta al lector la perspectiva de una madre preocupada por las reacciones de sus «dos muñecos» (1889: 233) ante el ambiente de los museos y las exposiciones, meditando sobre el placer que supone contemplar sus emociones y el agridulce sabor, intrínseco a la maternidad, de tener que estar pendiente de que sus pequeños hijos no tocasen o rompiesen nada de lo que se encontraba expuesto:

> La copa de cristal más sencilla cuesta de catorce reales a un duro: el plato más gazmoño, más inocente, sin otro adorno que unos cándidos *no me olvides*, puede cotizarse de media libra a dos libras. Yo temblaba viendo a mis hijos corretear con su habitual e incoercible viveza, entre una fuente tasada en dos mil duros y un jarrón que valla [sic.] mil libras justas. ¡Santo Dios, si aciertan a resbalar y caerse! Me quedo en París embargada por los ingleses, en realidad de nación y en metáfora de acreedores (1889: 79, énfasis original).

En otras palabras, la escritora coruñesa demuestra en sus escritos sobre arte la interconexión entre los distintos aspectos de su sociedad: la forma en la que la contemplación del arte, de las exposiciones universales, se ve afectada por su condición humana de mujer y madre, la forma en la que la contemplación de «la vida moderna», de «las últimas revelaciones de la industria, de la ciencia, de la realidad» (1889: 10), no son eventos inmutables, sino ejemplos de cómo las circunstancias individuales de cada persona afectan a la perspectiva con la que estos eventos se contemplan. Por muchas guías de exposiciones y salones que leamos, Pardo Bazán aporta la novedad de mostrar al lector que el arte se ve de forma distinta cuando se es madre y se tiene que estar pendiente de que la «viveza» de los hijos no la hagan a una incurrir en una extravagante deuda.

Podemos decir, pues, que Emilia Pardo Bazán comprendía mejor que muchos de sus contemporáneos que los espacios artísticos pueden llegar a significar verdades bien distintas para cada individuo que los visita. No es de extrañar, por tanto, que en su *künstlerroman*, *La quimera*, el estudio del artista –el lugar liminal donde el arte y la experiencia social individual convergen, al igual que sucede en los salones parisinos que visita con sus hijos– no solo sea uno de los elementos que mejor nos permite observar la naturaleza ensamblada de la cultura occidental de finales del XIX, sino que también sea el lugar donde los lectores encuentren una reorientación propia de la escritora a dicha cultura: su propia forma de dar sentido a la realidad que la rodea. A fin de cuentas, debemos recordar que la obra de Pardo Bazán se vio fuertemente influenciada por el concepto de *realidad* y por los rápidos cambios que la sociedad de su época vivía continuamente. En 1883, doña Emilia publicó, como ejemplo de esto, *La cuestión palpitante*, un libro en el que analizaba con sumo detenimiento el movimiento naturalista y la influencia de Zola en dicho movimiento y en la escena literaria finisecular. Aunque en 1883 Pardo Bazán se hallaba envuelta en un proceso de creciente descontento con la doctrina del naturalismo, influenciada, principalmente, por su ferviente catolicismo (1989: 145), en *La cuestión palpitante* aún se aprecia el valor

que la autora le otorga a la escuela de Zola y a su prede-
cesora, la escuela realista, por su capacidad para plasmar
la compleja realidad finisecular en una época en la que,
de acuerdo con su visión –y, una vez más, guardando la
similitud con los engranajes de un mecanismo ensamblado–, cada aspecto de la sociedad y de la cultura influía y
ponía en movimiento otros aspectos:

> [L]a literatura de la segunda mitad del siglo XIX, fértil,
> variada y compleja, presenta rasgos característicos: re-
> flexiva, nutrida de hechos, positiva y científica, basada en
> la observación del individuo y de la sociedad, profesa a la
> vez el culto de la forma artística, y lo practica, no con la
> serena sencillez clásica, sino con riqueza y complicación.
> Si es realista y naturalista, es también refinada; y como a
> su perspicacia analítica no se esconde ningún detalle, los
> traslada prolijamente y pule y cincela el estilo (1989: 174).

De hecho, en ningún otro punto de la narrativa que
compone *La quimera* queda tan clara la complejidad y la
interconexión de la sociedad finisecular española como en
las descripciones del estudio del artista y en los eventos
que en este espacio sitúa la autora.

En resumen, en la representación que del estudio del
artista hace Pardo Bazán en *La quimera* encontramos la
ficcionalización de la perspectiva real que la propia autora
guardaba hacia su época. Pardo Bazán entiende que el
arte y los espacios con los que se relaciona habitualmen-
te, ya sean salones, exposiciones o estudios, pueden ser
vistos e interpretados de formas distintas en función de
las experiencias vitales de cada individuo, como su propia experiencia como madre en la exposición de París de
1889 demuestra. Doña Emilia entiende, asimismo, que

la literatura es un instrumento a través del cual puede mostrarse con «perspicacia analítica» la compleja forma en la que distintos agentes sociales interactúan entre sí. Debemos entender *La quimera*, por tanto, como un refinado experimento por parte de la autora a través del cual, como veremos a continuación, consigue articular su visión propia de la cultura de la época a través de un minucioso estudio de la forma en la que el arte y la sociedad interaccionan en el espacio liberador que el estudio del artista constituye. Las raíces de la novela, además, tienen ya de por sí su base en la realidad artística y cultural de la España de finales del siglo XIX, ya que su protagonista, Silvio Lago, está directamente basado, como la propia autora reconoció, en un pintor español contemporáneo a Pardo Bazán, Joaquín Vaamonde:

> Joaquín Vaamonde no había llegado a la celebridad. Era, sí, conocidísimo y estimadísimo en los círculos del gran mundo, clientela asidua de su taller […] Nació en una capital de provincia gallega, medio poco favorable a la vocación artística, ésta se reveló en Vaamonde tan incontrastable, que le impulsó a emigrar a América del Sur, en edad más que juvenil, tierna y adolescente. En América, el muchacho batalló por la vida, se dedicó a trabajos manuales, fue albañil, comió mal, y siempre se resintió de este período bohemio, en que su débil estómago perdió fuerzas y quedó mal preparado para repartir energías al organismo (1900: 570).

Las circunstancias vitales de Vaamonde, que se ven reproducidas casi al milímetro en la historia del desarrollo artístico de Silvio Lago, son, sin duda, el caldo de cultivo ideal para indagar en el papel del arte como engranaje social. El *alter ego* ficticio de Vaamonde, Silvio, vive un periplo artístico y madurativo que le conduce a través de diversas clases sociales, condiciones materiales y situaciones liminales que reflejan el complejo entramado cultural de finales del siglo XIX y que le otorgan a Pardo Bazán la excusa perfecta para reflexionar sobre los asuntos que le preocupan o le llaman la atención de este convulso período histórico.

La importancia del estudio del artista como un punto de orientación hacia la sociedad que Pardo Bazán analiza y cuestiona está en completa consonancia con el énfasis que la autora da a los espacios físicos en los que habita el protagonista. Según Lisa Nalbone, *La quimera* se caracteriza por cómo los «espacios físicos» representados en el texto «revelan un interés narrativo en la proyección del nexo entre lo urbano y lo moderno» (2009: 485). Es cierto que cada uno de los lugares en los que habita Silvio –Alborada, Madrid y París– permiten a la autora reflexionar sobre cómo las grandes ciudades están ligadas a lo moderno, mientras que las pequeñas provincias permanecen más unidas a lo tradicional. No obstante, y a pesar de la gran simbología que podemos encontrar en la forma en la que Pardo Bazán narra las (des)venturas de Silvio en cada ciudad, es en el estudio del artista donde la autora gallega verdaderamente despliega su profunda afinidad con el naturalismo francés, ofreciendo al lector una visión clara de la superficialidad y los peligros de la España finisecular. Ya el primer taller de Silvio –que, al igual que Claude Lantier, irá progresando por una serie de espacios propios distintos– nos dice mucho sobre el estado mental del artista y sobre su posición en la sociedad madrileña al volver de América:

Después de pasarme ocho días en la destartalada fonda de la calle de Atocha, al fin encuentro un taller, a precio aceptable, en la de Jardines. Tiene el defecto de que esa calle es del número de las que Balzac llama *chauldes* [...] en mi vida he visto junta tanta paloma torcaz, y de plumaje tan sucio [...] ¿y si acuden a retratarse bellas señoras? [...] La portera sube a arreglarme la cama en un diván, a tropezones; estas mujeres son muy astutas: ha visto que mis muebles se reducen a dos caballetes, una caja de lápices y veinte libros; que *luzco* un gabán raído [...] Estoy, pues, en plena bohemia. Lo más bohemio es el frío. Me trajeron ayer un braserito. ¿Qué pinta un braserito en este inmenso taller? [...] [M]i taller desmantelado, mi casa sin muebles, mis perchas sin ropa, y los planes de atraer aquí al gran mundo, y al gran mundo femenino, se me representa como delirios de la calentura (2022: 207-215, énfasis en el original).

Es necesario tener en cuenta que Balzac se refería, con el término *chauldes*, a las zonas en las que habitaban prostitutas. Se entiende, pues, que las palomas de carácter «torcaz» y sucias de las que Silvio habla son, en realidad, prostitutas, poniendo así en evidencia el marcado contraste entre sus expectativas y su realidad. La novela continuará jugando con la dicotomía entre las aspiraciones y la realidad del artista a lo largo de toda la historia y, en todo momento, será el estudio del artista el que nos indique la creciente separación entre ambos conceptos. Pues, si bien Silvio se muestra desesperado por estar «en plena bohemia», y por la dificultad que percibe en atraer al «gran mundo femenino» a su destartalado taller, su desesperación no hará más que incrementarse cuanto más mejoren sus circunstancias materiales.

Es, a fin de cuentas, al empezar a ganar popularidad con
el «gran mundo femenino» cuando su estudio realmente
se convierte en una representación de la sociedad que le
atormenta y que le hace ver que sus ideales no encajan con
una cultura que premia principalmente la superficialidad
y la adulación. Si la quimera del título representa la ambición de Silvio de crear una obra maestra que esté a la altura
del propio Sorolla –al que considera el mejor pintor de su
época–, sus tratos con la alta sociedad madrileña no solo
lo alejan de dicha ambición, sino que también suponen un
brutal choque con la realidad que contrapone el genio y la
riqueza: «Esta idea me tuvo desvelado toda la noche. Me
revolvía en la cama furioso, al observar cómo mis actos se
acompasan servilmente a la marcha de la realidad, mientras
mi espíritu sigue abrazando a la Quimera» (2022: 230).

Y es que, conforme más «parroquianos» de las altas
clases acuden a retratarse a su taller y este, en consecuencia, mejora paulatinamente hasta convertirse en un
lugar «amueblado con cierta coquetería» (2022: 231-2),
más claro queda, tanto para Silvio como para quien lea la
novela, que este se ha «prostituido», como indica López
Quintáns, y se ha rendido ante la presión de ganar más
renombre y medios económicos (2008: 134). Pronto su
estudio se convierte en un lugar que pone de manifiesto la
compleja forma en la que el arte y la sociedad interactúan,
un espacio en el que se dan cita las ambiciones del artista
y «la marcha de la realidad», y permiten al lector contemplar, de una forma crítica, los engranajes que ponen en
movimiento el ensamblaje social, que chocan e impiden el
fluir del arte experimental. Así, cuando el estudio se llena
de señoras de alta cuna, como «la Ayamonte», a las que
por fin parece no importarles si quiera el ambiente del

barrio con tal de tener la oportunidad de ser retratadas por Silvio, y cuando, a su vez, este espacio se ve invadido por «curiosos, aficionados, inteligentes, ociosos, flanistas, cronistas [y] sportsmen» (2022: 238), por «gente de buen tono» que confirman a Silvio en su «brillante carrera de retratista guapo» (2022: 240), la ansiedad del protagonista alcanza su culmen al darse cuenta de que este estilo de vida le deja sin tiempo para perseguir su quimera y pintar una auténtica obra de arte (2022: 326).

Silvio, no obstante, no solo se ve arrastrado por el lujo y la prosperidad que su profesión como retratista de la corte le otorga, sino también por la liminalidad del estudio, que le permite enfrascarse en una serie de relaciones ilícitas que, como hemos visto en los capítulos anteriores, no tendrían lugar en otros espacios domésticos de la época. La capacidad del estudio para convertirse en refugio de todo tipo de personas de cualquier clase social hace que «Silvio exist[a] como entidad independiente» de las normas que regían la conducta masculina de la época y que «las mujeres en la novela tampoco sig[a]n el patrón establecido de los códigos femeninos de la época» (Nalbone, 2009: 485). Esto se ve claramente en la forma –ampliamente detallada– en la que Pardo Bazán narra los encuentros entre Silvio y sus dos amantes a lo largo de la novela, Clara Ayamonte y Espina Dorcel, que se encuentran y mantienen relaciones sexuales en la ambigüedad doméstica del estudio. En el caso de la Ayamonte, Silvio consigue seducirla convenciéndola de la seguridad que les otorga el estudio, lejos de otras personas que puedan molestarles (Pardo Bazán, 2022: 243-4). La prolija decoración del estudio, que refleja el éxito material de Silvio, sirve además para describir escenas con connotaciones

altamente eróticas que reflejan claramente el decadentis-
mo de la época: lo material y lo sexual se confunden en
un párrafo que mezcla desnudos y contacto carnal con
«fofos almohadones», «caretas japonesas» y un «canapé
imperio» (2022: 274). En el caso de Espina, por otro lado,
el estudio del artista se convierte en un espacio donde la
modelo puede desplegar impunemente todas sus armas
de seducción, tornándose en una «criatura amasada de
vanidad y antojos, pero infalible en estética femenil [...]
anestesiada para el sentimiento» (2022: 385), que fuma y
bebe libremente delante del pintor cuando se sabe lejos
de los ojos juiciosos del resto de la sociedad (2022: 388).
Silvio, que mantiene que es incapaz de enamorarse o de
sentir cualquier tipo de emoción por ninguna mujer una
vez que «se [le] rinde» (2022: 244), y que ha sido descrito
por la crítica como una persona «incapaz de compartir»
cualquier vínculo profundo por su obsesión con la quimera
y su desilusión con el mundo real (Doménech, 2000: 93),
comienza a obsesionarse con Espina, no tanto porque le
despierte profundas emociones, sino más bien por lo que
representa: la modernidad, la desviación de la norma en
la encorsetada sociedad en la que Silvio se ha adentrado
para ganar fama y reconocimiento: «El sentimiento hacia
ella, en mí, unas veces es acre curiosidad, otras irritado
deseo de subyugarla, otras antipatía repentina, el gusto
imaginado de pegarla [sic] un latigazo que saque sangre;
otras atracción inexplicable, complicada, una perversión
que descubro en mí, y que me asombra sin desagradarme»
(2022: 411).

Tanto la imagen pudorosa e inocente de Clara como la
de «mujer decadente y enferma, adicta a la morfina y a los
placeres» de Espina adquieren matices sexuales y eróticos

en los confines del estudio del artista, donde ambas burlan las normas de género de su época para mantener relaciones con Silvio. Incluso el propio Silvio, completamente obsesionado con mantener una imagen de respetabilidad, se recrea en fantasías «perversas» dentro del santuario que supone este espacio.

Podemos afirmar, por tanto, que la compleja realidad social –opuesta a todo tipo de originalidad y ambición artística original– de la España finisecular y la hipocresía en torno a los marcados roles de género del mismo período son expuestas y transgredidas en el espacio que representa el estudio del artista en la novela. Como indica Lisa Nalbone, el texto de *La quimera* construye «un discurso colectivo en torno a la presencia artística […] y las relaciones entre géneros que cuestiona la vigencia de las mismas durante una época adyacente a la modernidad» y, a su vez, nos muestra «las contradicciones y limitaciones existentes sobre el tema de la modernidad [que] enfrentan las disyuntivas históricas y culturales que dicha modernidad intenta superar o trascender» (2009: 483). Así, por un lado, Pardo Bazán parece seguir la tradición de sus contemporáneos escritores al presentarnos el estudio como un lugar de recreación sexual y emocional lejos y separado de las normas de la época; pero, por otro lado –y de forma más llamativa–, Pardo Bazán también presenta el estudio bajo una luz distinta a la que emplearon los otros autores que figuran en este volumen. Los ejemplos expuestos en los párrafos anteriores relacionados con la frustración de Silvio ante su imposibilidad de cumplir sus ideales artísticos dejan ver que es principalmente en el espacio liminal del estudio del artista donde estas «contradicciones culturales» sobre la modernidad adquieren forma y presencia. El estudio nos muestra la imposibilidad de reconciliar la fama y la popularidad con la ambición artística: su mejora material depende enteramente del hecho de que Silvio deje de lado su quimera y abrace, en su lugar, el mundo galante de la corte madrileña finisecular. El estudio evoluciona, se convierte en un lugar que atrae a la alta sociedad, cómodo, lleno de objetos y accesorios que refuerzan el estatus social que Silvio ha adquirido a través del sacrificio de su ambición y, al mismo tiempo, su cualidad de espacio liminal, donde las normas de género y las divisiones entre lo público y lo privado se disuelven y se desdibujan, que permite al protagonista y a sus amantes trascender los límites de la moralidad sexual burguesa. En resumen, la autora mantiene el estatus liminal del estudio en lo que a los códigos sexuales de la época se refiere, pero, a diferencia de Zola, Hawthorne o Brontë, nos presenta también el estudio como un espacio de represión; no como un *locus* liberador en el que el artista puede dar rienda suelta a sus ideas y refugiarse de la sociedad, sino más bien como todo lo contrario: como un espacio donde la sociedad va a buscarle y el artista, para aproximarse a su inexorable marcha, debe acomodarle a su pesar.

Al crear esta situación, Pardo Bazán representa, a través del estudio del artista, las más profundas «contradicciones y limitaciones» que representa el advenimiento de la modernidad a finales del siglo XIX: las apariencias, lo superficial, lo han conquistado todo, y el arte debe sucumbir ante estas presiones si el artista quiere sobrevivir. De esta forma, la novela no solo es un *künstlerroman* en tanto que muestra el desarrollo de Silvio Lago, sino también porque ofrece al lector una visión panorámica de la carrera artística y de sus sinsabores en la época, tal y como la vivió el propio Joaquín

Vaamonde. El estudio nos muestra cómo el ensamblaje social, con su engrasado y preciso movimiento, mueve (y es movido a su vez por) todos los engranajes individuales que lo componen. De este modo el poder, el dinero y la hegemonía social conquistan el arte y, a su vez, el arte se vuelve una herramienta para consagrar a las personas importantes de la sociedad a través de los retratos que les provee. El estudio del artista, por mucho que le pese al propio artista, debe girar a favor del resto de engranajes sociales y contribuir a la hegemonía del ensamblaje social o convertirse en un lugar marginal y repudiado. Como la baronesa de Dumbría, íntima amiga de Silvio, le hace ver en términos claros: «Está usted cogido en un *engranaje* enteramente incompatible con las altas inquietudes que [posee]» (2022: 296, énfasis propio).

A pesar de las diferencias que el estudio de Silvio presenta con respecto a los de otros personajes aquí descritos, también puede decirse que doña Emilia consigue articular a través de este espacio (aunque de forma distinta) uno de los que, en su opinión, eran graves problemas de su tiempo. Como la propia autora deja claro en *La cuestión palpitante*, la modernidad amenazaba con la ausencia de valores, con la sustitución de lo profundo por lo superficial y con el hecho de destronar la moral cristiana en aras de favorecer las ciencias y pseudociencias finiseculares (1989: 145, 281). En consecuencia, su postura ante el naturalismo de Zola, que veía como la consolidación literaria de este cambio cultural y social era, como poco, ambivalente. De esta forma, podemos decir que su orientación personal difiere de la del escritor francés, porque mientras que Zola muestra el estudio del artista como un refugio ante la sociedad galante, Pardo Bazán, más preocupada por la capacidad de infiltración de los valores de dicha sociedad en todos los ámbitos de la vida, consigue articular su escepticismo para con los nuevos parámetros de la sociedad a través de la creciente incomodidad que siente Silvio ante su estudio, cada vez menos fiel a sus ideales estéticos y más conforme con los gustos de la alta sociedad. En otras palabras, Pardo Bazán nos ofrece una crítica de la permeabilidad de lo moderno, de la extensión y el contagio de unos valores superficiales que ya trazaba Zola en *La obra*, pero que, en esta ocasión, consigue arrebatar su santuario al artista, para convertirlo más bien en un reflejo de todo lo que detesta y condenarlo, irremediablemente, al fracaso artístico. Pardo Bazán reconoce la naturaleza liminal del estudio del artista, mostrándonoslo como un espacio seguro donde las normas de género pueden romperse o alterarse, pero también –y de forma más interesante– retrata este lugar como un sitio que, debido a su propia ambigüedad y apertura, puede llegar a convertirse en un reflejo de la sociedad y en un espacio, por tanto, constrictivo y opresivo para la individualidad personal. El *künstlerroman* cumple así su función de retratar la carrera artística y, a su vez, nos muestra hasta qué punto la sociedad europea finisecular estaba interconectada de tal forma que incluso los espacios seguros de décadas anteriores estaban sujetos a ser corrompidos, a verse forzados a tornarse en otro engranaje más que posibilita y avanza la causa de la maquinaria social de lo moderno (algo que, desde luego, la propia autora consideraba negativo).

En otras palabras, *La quimera* se diferencia de los otros textos aquí analizados en que la orientación que nos presenta la autora es una clara crítica a lo que ella percibe como el forzado progreso de la modernidad, que amenaza

con diezmar todo esfuerzo artístico original. Mientras que
Brontë, James o Wilde parecen más preocupados por dotar
a sus personajes de espacios seguros en los que articular
sus diferencias para con sus contemporáneos, Pardo Bazán
lleva a cabo todo lo contrario, demostrando cómo lo moderno no deja al artista ni siquiera el consuelo pasado de su
habitación propia. Esto no quiere decir, no obstante, que
La quimera no ofrezca al lector una reorientación (como
hacen las otras novelas), sino que dicha reorientación,
en lugar de dirigir la atención de los lectores hacia otras
realidades que tendían a estar ocultas ante la dirección
colectiva hegemónica de la época, se centra en articular
una crítica al avance de lo «moderno» y en revalorar la
individualidad del artista ante este demoledor avance. De
esta forma, lo que la autora gallega consigue es representar el férreo control de la sociedad sobre el individuo,
mostrando cómo lo personal acaba por convertirse en un
engranaje dentro de un sistema social casi completamente
mecanizado. Como Ahmed dice: «los cuerpos cobran
forma por medio del contacto con objetos y con otros,
con "lo que" está lo bastante cerca como para tocarse. Los
cuerpos pueden incluso cobrar forma por medio de este
contacto, o tomar la forma de este contacto» (2006: 81), y
mientras que en las otras novelas este mismo proceso sirve
para que los personajes se impregnen de las posibilidades
liberadoras del espacio liminal que representa el estudio
del artista –para que busquen y encuentren formas de
expresarse fuera de los binarismos, de la sociedad y de la
hegemonía– en *La quimera* «los cuerpos» (específicamente
el cuerpo simbólico del estudio del artista) toma la forma
de la sociedad que se adentra en él y, en consecuencia,
Silvio también toma esa forma, condenándose a morir

en la mediocridad artística. Así, si bien en el caso de los otros autores las orientaciones que transmiten a través de sus novelas «implican diferentes formas de registrar la proximidad de los objetos» dirigiendo la atención del lector o lectora hacia otras posibilidades afectivas, sociales e incluso sexuales, en este caso, Pardo Bazán nos orienta hacia la forma en la que «habitamos» la sociedad «de forma compartida» y cómo esto implica también, a veces, tener que conformarse o adaptarse a los gustos de la mayoría.

Podríamos especular que, si el estudio de Silvio hubiese estado ubicado lejos de la corte madrileña, quizás en su Alborada natal, donde finalmente el pintor acude a morir y parece ser más feliz que en el resto de su periplo, la autora nos lo hubiese presentado también como un refugio o un lugar liberador. En su lugar, la apuesta de Pardo Bazán por usar el estudio como un espacio que también puede llegar a oprimir en caso de que se vea forzosamente integrado en los engranajes sociales nos permite ver que este espacio liminal no solo puede servir para representar orientaciones que ponen a nuestro alcance aquellas realidades que «se han hecho inalcanzables por las líneas de la genealogía convencional» (Ahmed, 2006: 152), sino también para dejar claro cómo de inalcanzables pueden ser ciertas realidades. El fracaso de Silvio, manifestado a través del entorno físico que se aleja de sus ideales y se acerca más a ser un producto burgués para la comodidad de sus clientes, nos recuerda cómo de persuasiva puede ser la influencia de la sociedad y hasta qué punto puede forzarnos a dirigirnos por un camino que no casa con nuestros ideales o con la realidad hacia la que nos gustaría orientarnos.

De esta forma, podemos decir que tanto *La obra* de Zola como *La quimera* de Pardo Bazán cumplen una función clara y ligeramente distinta a la que tejen otras narrativas que también se centran en el papel del estudio del artista. Estas dos novelas finiseculares pertenecen, a diferencia de *La inquilina de Wildfell Hall*, *El fauno de mármol*, *La musa trágica* o *El retrato de Dorian Gray*, al género del *künstlerroman*, y esto implica que sus autores –ambos influenciados, además, por el naturalismo francés, que hacía énfasis en las condiciones más negativas de la realidad– tuvieron más en cuenta la forma en la que la sociedad puede infiltrarse y destruir cualquier tipo de individualidad. *La obra* y *La quimera* muestran de forma más realista lo ensamblado de la sociedad, el punto hasta el que todos formamos, de una manera u otra, parte de los engranajes que la mueven, y cómo nos vemos influenciados en nuestros movimientos por estos otros engranajes que nos rodean. No es por tanto de extrañar que mientras que las otras novelas nos enseñan el estudio del artista como un lugar de liberación que permite a sus habitantes orientarse hacia otras realidades, estos dos textos nos presenten dicho espacio como un lugar bajo el asedio constante de la sociedad que, sin duda, intenta imponer su dirección colectiva y alejar a los personajes que habitan espacios liminales de sus propias tendencias. En el caso de Claude Lantier, el estudio da legitimidad a su relación ilícita con Christine, pero también se convierte en una suerte de cámara de tortura en la que la psique del pintor plasma todo aquello que la sociedad no le permite presentar en público y, eventualmente, se torna también en su propia cripta personal, donde encuentra la muerte. Por otro lado, Silvio Lago, como ya hemos comentado antes, no puede frenar la influencia de la sociedad y se acaba «prostituyendo» a esta, convirtiendo su estudio en un salón social y abandonando sus sueños artísticos en aras de satisfacer a su clientela adinerada. Podemos afirmar, en conclusión, que el estudio del artista adquiere una dimensión aún más compleja cuando aparece en el género narrativo que se conoce como *künstlerroman*. Como Roberta White define, un *künstlerroman* es, a fin de cuentas, una narrativa que «cuenta la historia del crecimiento intelectual y emocional de un artista; usualmente describiendo un viaje interior que le lleva a reconocer su vocación» y los obstáculos que la sociedad de su época le plantea (2005: 13).[7] De esta forma, el estudio del artista en este tipo de textos no es solamente un refugio o un lugar de aceptación y articulación de las orientaciones que normalmente permanecen ocultas, es también un recurso literario a través del cual el autor o la autora puede mostrar a los lectores la forma en la que la sociedad, al estar ensamblada, entra en contacto con todos los aspectos de la vida, incluido el arte y la vida de los artistas. Los *künstlerromans* aquí estudiados no se conforman con mostrar el estudio del artista como un espacio liminal en el que las estrictas normas de la sociedad del siglo XIX pueden ser cuestionadas o subvertidas. En su lugar, tanto *La obra* como *La quimera* van un paso más allá y, a pesar de reconocer las capacidades liminales de este espacio –fomentando en ellos una cierta intransigencia para con los códigos ético-sexuales del período–, también

---

[7] «A *künstlerroman*, by definition, tells the story of an artist's intellectual and emotional growth; usually it describes an inward journey leading to a discovery of the artist's vocation».

muestran cómo este espacio puede funcionar de forma contraria, es decir, cómo su propia liminalidad también puede servir para destruir al artista. En el caso de Claude, su estudio se vuelve la manifestación física de su locura y de su frustración, mientras que para Silvio la invasión de su espacio por parte del mundo galante no hace sino reforzar, también, su sentimiento de frustración e incapacidad ante la obra que quiere plasmar. De esta forma, el estudio del artista en los *künstlerromans* estudiados sirve para evidenciar una crítica a la sociedad contemporánea de los autores. Si bien las obras de Brontë, Hawthorne, James y Wilde articulan las necesidades de los individuos que difieren de la dirección colectiva de la sociedad, Zola y Pardo Bazán articulan la dificultad de estos individuos de zafarse de dicha dirección, utilizando una perspectiva más amplia, puesto que sus narrativas requieren, por su naturaleza de *künstlerromans*, la inclusión de más aspectos sociales en estas.

El carácter crítico del *künstlerroman* para con la naturaleza ensamblada de la sociedad no es, ni mucho menos, exclusivo de las novelas de Zola y Pardo Bazán. A lo largo del siglo XIX e incluso a principios del siglo XX, muchos otros autores usaron sus textos para reorientar a sus lectores hacia una crítica de la dificultad de desarrollar la creatividad individual en una cultura en la que cada ámbito ha de servir como un engranaje para preservar el *statu quo* social. Y en todas estas otras obras, una vez más, el estudio del artista juega un papel fundamental. Un claro ejemplo de esto es la novela de 1855 *Der Grüne Heinrich* (traducida al inglés como *Green Henry* y sin traducción actualmente al español), del escritor suizo Gottfried Keller. La novela, considerada como uno de los mejores ejemplos del *künst-*

lerroman en Europa, es un relato semiautobiográfico en el que el autor presta especial atención al desarrollo del protagonista, Henry, un joven que decide dejar la seguridad de su ciudad natal para probar suerte como pintor en la bohemia Múnich. Como en el caso de los demás estudios que aparecen en este volumen, es difícil definir la función exacta del primer estudio del joven Henry: es un lugar pintoresco donde el artista trabaja, sí, pero también sirve como un lugar de reunión para sus amigos, como un espacio seguro donde comentar pensamientos o acciones inmorales, un lugar, a fin de cuentas, donde lo privado y lo público se mezclan y se suceden hechos que no tendrían lugar en otro enclave de la época (Keller, 2023: 170-1). No obstante, la narrativa pronto adquiere otras connotaciones cuando Henry se encuentra, al igual que Claude y Silvio, al borde la pobreza, al ser incapaz de crear algo que satisfaga los gustos de sus contemporáneos. Es entonces cuando el estudio, hasta ahora un santuario para el protagonista, se torna un lugar opresivo. La escasez de sus muebles y la pobreza que se palpa en su ambiente llevan a Henry a pasar por un episodio de depresión profunda en el que medita sobre su valor como artista y en el que intenta medir su éxito y su valía personal a través de la comparación con los espacios materiales en los que trabajan sus amigos artistas (Keller, 2023: 407). Una vez más, el estudio se nos presenta como un lugar en el que la sociedad de la época proyecta su alargada sombra, actuando como un engranaje más en el que convergen lo colectivo y lo individual y en el que, inevitablemente, lo social sale siempre ganando.

Es posible seguir poniendo ejemplos de *künstlerromans* del siglo XIX en los que el estudio del artista juega un papel importante a la hora de representar los conflictos que se generan entre lo social y lo individual. En *La busca de la bien amada* (1897), del británico Thomas Hardy, el protagonista es un escultor que se enamora de tres mujeres de la misma familia que, coincidentemente, tienen el mismo nombre, Avice. Con el fin de seducir a la segunda Avice, el protagonista decora su estudio de tal forma que todo su éxito social quede expuesto (Hardy, 1997: 94-7). De esta forma, Hardy muestra el poder de dicho espacio para –en el caso de un artista que, a diferencia de Claude, Silvio y Henry, ha tenido éxito– demostrar cómo puede ser usado con fines ilícitos de forma impune, siempre que se adapte a los requerimientos de la sociedad adinerada de la época. O también podríamos mencionar, por otro lado, la obra teatral *Al despertar de nuestra muerte* (1899), del célebre dramaturgo noruego Henrik Ibsen, en la que el estudio aparece descrito como un lugar en el que la protagonista de la obra, Irene, percibe que la sociedad nunca volverá a aceptarla plenamente si posa desnuda para el escultor (cuyo aprecio teme también perder por este mismo motivo), por mucho que la escultura final sea considerada una obra maestra (Ibsen, 1991: 249).

De esta forma, podemos observar cómo el estudio del artista en el *künstlerroman* del siglo XIX tiende a adquirir una significación especial en la que lo ilícito y las normas de una sociedad que lo impregna todo entran en conflicto continuamente. Mientras que los estudios que aparecen en otros tipos de novelas que no se centran exclusivamente en el desarrollo personal de los artistas parecen adherirse a la idea de Sara Ahmed de que «el espacio del estudio está determinado por una decisión [personal], la cual a su vez "determina" qué acciones "suceden" en ese espacio» (2006: 79), los estudios que aparecen en el *künstlerroman* de la época tienden a mostrar una combinación de esta idea con la pesimista –aunque realista– noción de que la sociedad, al final, también determina en gran medida lo que sucede o deja de suceder en un espacio concreto. De esta forma, es importante que tengamos en cuenta que el estudio del artista, aunque usado en muchas ocasiones como un lugar de liberación y articulación de deseos personales, puede también ser invadido por lo social y dar pie a una crítica de la imposibilidad de escapar de un sistema social que utiliza todos los aspectos de la cultura como engranajes para asegurar su correcto funcionamiento.

5. Conclusiones:
el estudio del artista y el siglo XIX

A lo largo de estas páginas he trazado la presencia del estudio del artista en la literatura occidental del siglo XIX con el fin de demostrar su importancia como un espacio liminal en el que los autores de la época podían articular sus propias orientaciones hacia algunas de las cuestiones más relevantes de su época. Aunque es cierto que este volumen está condicionado por un claro sesgo temporal y geográfico, podemos afirmar que el impacto del estudio del artista en la literatura debe ser estudiado con sumo detenimiento de aquí en adelante, si consideramos las revolucionarias prácticas literarias con las que se ve asociado en la escritura decimonónica. Temas como la independencia femenina, el papel de los hombres en la cultura heteropatriarcal y la crítica a la ubicuidad de los mandatos sociales frente a la individualidad artística se encuentran presentes entre las paredes ficticias de este espacio, como la muestra exhibida en este volumen evidencia. Como las conexiones entre los textos aquí analizados demuestran, el estudio del artista aparece y reaparece en la cultura decimonónica como un símbolo literario en el que la disidencia social se articula, se expande y se explora dejando en entredicho algunas de las restricciones socioculturales normalmente asociadas con esta época. Podemos entender el estudio como un espacio ecléctico, sí, pero no solo por su habilidad de romper fronteras entre lo privado y lo público, o lo moralmente aceptado y lo ignominioso, sino también por su habilidad para moldearse en torno a las grandes preocupaciones de los autores que lo utilizan y las condiciones de las distintas décadas del siglo XIX en las que estos autores ejercieron su oficio. Desde un punto de vista contemporáneo, además, la propia naturaleza ecléctica de este espacio y su condición liminal permiten que podamos explorarlo desde distintos enfoques teóricos que nos ayuden a entender mejor dichas preocupaciones y a adaptarlas a nuestra propia era.

De esta forma, la teoría de la fenomenología *queer* de Sara Ahmed ha sido una influencia notable a lo largo de este volumen, así como, en el último capítulo, lo ha sido también la reciente teoría del ensamblaje. A través de las perspectivas que estos campos de estudio crítico nos prestan, hemos podido ver hasta qué punto el estudio del artista sirve como un espacio privilegiado desde el cual redirigir las miradas de los lectores y de los personajes hacia otras posibilidades, mundos o realidades que permanecían normalmente ocultas durante el siglo XIX. Desde *La inquilina de Wildfell Hall* hasta *La quimera*, los libros que conforman este ensayo cuentan, cuando los estudiamos a través de estas teorías, una historia de disidencia y revolución, mostrándonos los gérmenes de nuevos movimientos sociales y de reivindicaciones que, en el momento de su publicación, aún no tenían nombre. Es gracias a la idea de que existe una «dirección colectiva», marcada por las líneas vitales que la hegemonía social nos obliga a seguir (Ahmed, 2006: 30), que podemos entender la forma en la que estos textos son valiosos por su capacidad de reorientarnos hacia realidades «que se han hecho inalcanzables por las líneas de la genealogía convencional» (Ahmed, 2006: 152). En otras palabras, estas narrativas mueven, a través de su representación del estudio del artista, «el "detrás" al "frente"» (Ahmed, 2006: 228), poniendo al alcance de los lectores nuevas formas de entender el siglo XIX, de comprender el sutil poder de la literatura de la época para cuestionar aquello que se da por sentado. Los estudios que hemos examinado, al igual que el estudio del pintor victoriano Frederic Leighton, abren las puertas a nuevas formas de expresión que en cualquier otro contexto podrían haber sido censuradas o prohibidas, pero que encajan en un ambiente que se asume bohemio, liberal y liminal –fuera de la dicotomía de lo privado y lo público. En el caso de *La obra* y *La quimera*, además, podemos observar cómo lo que se trae «al "frente"» a través de la representación del estudio del artista es, de hecho, la arrolladora presencia de la dirección colectiva en todos los aspectos de la vida. Estas dos obras articulan el perverso efecto de la presión social en una sociedad en la que todos los contextos se hallan encadenados como una suerte de ensamblaje, forzados a girar en el mismo sentido o a ser condenados al ostracismo o a la incomprensión.

Es a través de estas perspectivas teóricas que podemos ver de forma clara cómo el poder del estudio del artista nace, precisamente, de su ruptura con las normas domésticas decimonónicas. Si asumimos, como indica Carmen Giménez, que «en la casa decimonónica cada habitación está destinada a una función estricta, y este destino no se puede cambiar» (2006: 12) y que, además, estas funciones vienen marcadas por el género de sus habitantes, debemos reconocer que el estudio del artista tiene una naturaleza que le permite ser la excepción a esta norma. En él, mujeres y hombres trabajan, posan o acuden sin un fin determinado, y lo público y lo privado se confunden en una estancia que elude cualquier tipo de definición estricta. Como hemos visto a través de, por ejemplo, *Escenas de la vida bohemia*, el estudio es dormitorio y lugar de trabajo, cocina y santuario, todo en uno. O, como se percibe a través de *La quimera* o del estudio real de Leighton, un lugar de sociabilidad para la gente galante además de una oficina para el artista. De esta forma, podemos afirmar que este espacio es plenamente liminal, en el sentido de que actúa como un umbral entre dos límites, un sitio excepcional en el que lo prohibido o lo «estricto» se relaja y trasciende.

Así, en el caso de *La inquilina de Wildfell Hall*, de Anne Brontë, el estudio del artista sirve como un refugio donde la protagonista puede aislarse del ambiente abusivo y mayormente masculino de su hogar, y como taller de trabajo desde el cual puede planear y ganar su independencia económica y personal. Brontë nos muestra, a través de su representación del estudio, la esperanza a la que su protagonista, Helen, puede aspirar a través de la labor artística. Si bien la novela dista mucho de cumplir los parámetros de un texto plenamente feminista, es innegable que lo que Brontë trae al «frente» y sobrepone a la dirección colectiva es la posibilidad de que las mujeres puedan ganar su propio dinero y puedan aspirar a una mayor libertad que les permita escapar de las situaciones abusivas a las que sus matrimonios podrían condenarlas. Y, aunque sea quizás poco correcto considerar *La inquilina de Wildfell Hall* una obra feminista, es evidente que Anne Brontë nos reorienta hacia una realidad ignorada en la cultura de su época y, al hacerlo, nos acerca más a las preocupaciones reales de las mujeres de su época, plantando así en su texto la semilla de lo que más tarde sería conocido como feminismo. Que todo esto sea posible se debe, una vez más, a la libertad que la protagonista de la obra encuentra en el estudio, el único lugar de su narrativa en el que Brontë nos muestra que otras realidades son posibles para las mujeres victorianas.

Siguiendo una temática similar –aunque quizás de forma inconsciente–, Nathaniel Hawthorne nos presenta otro ejemplo de independencia femenina en su romance *El fauno de mármol*. En este caso, una de las protagonistas, Miriam, consigue escapar de su pasado (y de las asociaciones negativas que este pasado acarrearía en la Europa del siglo XIX) a través de su habilidad para reconfigurarse como una artista respetada en Roma. Gran parte de la independencia de Miriam y de su habilidad para adaptarse a una nueva vida se nos transmite a través de la representación de su estudio, en el que el autor nos presenta tanto la auténtica personalidad de Miriam como su deseo de ser otra persona. En Roma, una ciudad que en sí misma podría entenderse como un enorme estudio artístico, Miriam encuentra las herramientas para moverse entre lo privado y lo público sin levantar la suspicacia de sus amigos y compañeros. En este caso, el estudio representa un refugio, pero no de una situación abusiva, sino más bien de los prejuicios y de las normas de género que restringen los movimientos y las posibilidades de las mujeres de la época. Si entendemos, en otras palabras, que la casa es un «cosmos» en sí misma (Bachelard: 1975, 34), podemos asumir que en estas dos novelas el estudio del artista representa un microcosmos en el que la mujer es capaz de dejar atrás las normas de género hegemónicas que regulan su vida al compás de la moralidad del siglo XIX.

El estudio del artista, no obstante, no solo sirve para explorar o criticar la situación de las mujeres a lo largo de este período de luces y sombras. En *La musa trágica* de Henry James, por ejemplo, la liminalidad de este espacio sirve de refugio a su protagonista, Nick, que lucha por alejarse de las ideas de la masculinidad convencional sancionadas por la cultura victoriana. Para James, el estudio del artista es un santuario en el que Nick puede ser él mismo sin tener que tratar de agradar a su madre, a su prometida o a la sociedad londinense, fingiendo que aspira a convertirse en un político y un *paterfamilias* como su difunto padre. En el estudio, Nick puede dedicarse a su verdadera pasión: pintar; pero también puede explorar los límites de lo que se considera «masculino» y lo que no en un espacio que, por su propia naturaleza, no pertenece a ninguno de los dos ámbitos por su liminalidad doméstica. Además, y para mayor interés, el estudio es también el espacio en el que James decide representar más a menudo la figura de Gabriel Nash, un personaje en el que la crítica jamesiana ha visto continuamente un eco del mismísimo Oscar Wilde. Teniendo en cuenta la genealogía de la obra, escrita poco después de la aprobación de la infame enmienda de Labouchère que condenaba cualquier tipo de comportamiento afectivo sexual entre hombres que se saliese de las masculinidades convencionales de la época, el estudio del artista ejerce una importante influencia en los personajes masculinos de la novela que se muestran más cercanos a su verdadera personalidad y más fieles a sus auténticas aspiraciones, en un lugar en el que las normas de género pierden gran parte de su poder.

El propio Oscar Wilde parece heredar parte de las ideas que James representa a través del estudio del artista en su novela *El retrato de Dorian Gray*. En esta conocida obra, frecuentemente censurada en la época por su contenido homoerótico, Wilde también hace del estudio del artista un espacio seguro donde los personajes masculinos de su novela articulan con casi total libertad su afecto por otros personajes masculinos. Es mediante el arte expuesto en el estudio del pintor Basil Hallward que Wilde, haciendo uso de lo que Dustin Friedman llama «negatividad erótica», trae al «frente» la posibilidad de que el afecto entre dos hombres exista más allá de los discursos patológicos de las ciencias y las leyes victorianas. El estudio del artista sirve en este caso de santuario, dado que el lenguaje asociado con el arte, que se exhibe en este entorno, permite a los personajes de la novela conocerse a sí mismos como sujetos *queer* sin ser juzgados por sus coetáneos. Una vez más, en el caso de estas dos novelas, lo liminal del estudio, su estado intermedio entre lo masculino y lo femenino, lo público y lo privado, permite que se nos oriente hacia una realidad que en otras estancias más normativizadas de la casa victoriana no tendría lugar o forma de ser articulado. El «microcosmos», en estos dos casos, es uno que permite al hombre decimonónico alejarse de lo que se espera de él y encontrar la forma de expresar sus propios deseos individuales, sean estos políticos, artísticos o afectivo-sexuales.

Sin embargo, en el caso de las dos novelas que se estudian en el último capítulo de este volumen, es un poco más difícil delimitar el «microcosmos» que representa el estudio del artista. Esto se debe a que ambas novelas forman parte del género literario conocido como *künstlerroman*, un término empleado para clasificar aquellas

narrativas que se centran en el desarrollo madurativo de
un artista. Este tipo de obra literaria, al intentar encapsular
todos los elementos que afectan a un artista en su carrera,
lidia de forma mucho más directa con la influencia que
la sociedad ejerce sobre los individuos y, por tanto, sus
posibles críticas van dirigidas a aspectos más amplios de
la cultura del siglo XIX. Tanto en *La obra* de Émile Zola
como en *La quimera* de Emilia Pardo Bazán, la sociedad
se nos presenta como una suerte de ensamblaje mecáni-
co, compuesta por infinidad de pequeños engranajes en
los que cada movimiento de sus engranajes colindantes
genera un efecto consecutivo. De esta forma, en estas
dos obras el estudio del artista se nos presenta más como
un lugar que representa la frustración del artista ante los
mandatos de la sociedad, de los que no consigue escapar
por mucho que sus habilidades artísticas rocen la genialidad. En el caso de *La obra*, Zola nos presenta a un artista
atormentado, Claude, quien, a pesar de encontrar en su
estudio un lugar idóneo para llevar a cabo una relación
ilícita con su amante, también encuentra en este espacio
liminal la manifestación material de su propia locura. El
estudio de Claude se va volviendo más pobre y pequeño
conforme la narrativa avanza y, finalmente, es en este lugar, completamente dominado por un inmenso cuadro en
el que Claude trata de plasmar su ideal, donde el pintor
se quita la vida. La naturaleza fronteriza del estudio en
este caso no sirve tanto para romper la barrera entre lo
femenino y lo masculino que se aprecia en las obras anteriores como para desdibujar la barrera entre la locura
y la estabilidad mental. En una habitación que no encaja
de forma perfecta con los mandatos sociales, los otros
engranajes que componen la sociedad parecen converger

y chocar hasta que destruyen el refugio del artista. En este sentido, podríamos decir que la vivienda de Claude no es tanto un «microcosmos» como un ejemplo de hasta qué punto la dirección colectiva puede arrollar cualquier iniciativa individual por genial que esta sea. Lo que Zola trae al «frente» no es tanto un mensaje esperanzador o revolucionario, como podemos ver en el caso de las otras novelas, como más bien una feroz crítica a la presión que una sociedad ensamblada puede ejercer en cualquiera de sus partes cuando una de ellas no se mueve al compás de los demás engranajes que la componen. El mismo patrón parece repetirse en *La quimera* de Pardo Bazán. Aquí, la España finisecular, al igual que el París de la Segunda República en *La obra*, se nos muestra como una nación corrupta, completamente rendida al avance de una modernidad superficial que hace que la sociedad galante de Madrid marque los ritmos del éxito y del fracaso del protagonista, Silvio. Inspirada por la historia real del pintor gallego Joaquín Vaamonde y por el naturalismo de Zola, Pardo Bazán nos muestra la frustración de Silvio ante su incapacidad de realizar su «quimera», una obra de arte que trascienda su época y que esté a la altura de las pinturas de Sorolla. En este caso, el estudio del artista también permite las relaciones ilícitas de Silvio con sus amantes, pero, a su vez, se convierte en la metáfora de su decaimiento artístico y espiritual. Pronto Silvio amuebla su estudio al gusto de su clientela y lo convierte en un salón social para las clases altas, pero conforme más se aleja de su austeridad original, más estéril se vuelve su capacidad para pintar obras de arte que no sean los retratos de sus adineradas clientas. El estudio, como espacio liminal, sirve aquí para representar, una vez más, la fuerza de la moda para arrasar con cualquier instinto creativo original, ya que su ambigüedad no sirve, como en el caso de Anne Brontë o de Oscar Wilde, para dar refugio a las ideas revolucionarias de su habitante, sino para demostrar cómo dichas ideas pueden ser destrozadas por el mecanismo de la sociedad cuando uno deja de lado sus ideales y abre las puertas de su «microcosmos» personal a los deseos cambiantes de los privilegiados. Pardo Bazán, en este sentido, y siguiendo los pasos de Zola, no trae al «frente» la semilla de un feminismo esperanzador o la posibilidad de articular deseos reprimidos, sino más bien el arrollador peso de una sociedad que no busca más que ser perpetuada por los engranajes que la componen.

Estos ejemplos nos permiten comprobar el papel versátil que una habitación propia, que un espacio liminal que no puede ser clasificado como privado o público, llegó a adquirir en la literatura del siglo XIX. Si bien cada texto lo hace de una forma distinta, es incuestionable que cada una de las novelas analizadas en los capítulos anteriores aporta visiones nuevas tanto a nuestra propia idea del siglo XIX como a las ideas de aquellos que habitaban en dicha época. La esperanza (proto)feminista de *La inquilina de Wildfell Hall* y *El fauno de mármol*, la articulación de la individualidad y el deseo de *La musa trágica* y *El retrato de Dorian Gray*, y la crítica a la inexorable y destructiva influencia de la sociedad en la creatividad personal, encuentran expresión y representación simbólica a través de un espacio que, por su propia naturaleza, se resiste a ser categorizado y a perpetuar los ubicuos binomios decimonónicos. El estudio del artista sirvió a un gran número de escritores de la época para mostrar sus preocupaciones e inquietudes, y para cuestionar o criticar unas fronteras que se les presentaban como insondables.

No obstante, sería ingenuo pensar que la influencia de este espacio está restringida al siglo XIX. Como ya vimos al principio de este volumen, ya desde la *Ilíada* se ha usado el taller o estudio del artista como un lugar que pone de manifiesto realidades que no son comúnmente representadas en la literatura que sigue las convenciones de su período. Aún hoy en día –y especialmente en la literatura anglófona–, el estudio del artista sigue teniendo repercusiones simbólicas más complejas de las que un lector podría llegar a sospechar. En novelas contemporáneas que han llegado a ser *best-sellers*, como *El jilguero* (2013) de Donna Tart, *El rapto del cisne* (2010) de Elizabeth Kostova o *El último cuadro de Sara de Vos* (2016) de Dominic Smith (todas ellas de autores norteamericanos), el estudio del artista sigue figurando de forma prominente como un espacio en el que los miedos de los personajes, sus inquietudes y sus actos de rebeldía hacia la sociedad del siglo XXI se articulan y se comentan. Incluso en aquellas narrativas ambientadas en el pasado –como en el caso de *El rapto del cisne* o *El último cuadro de Sara de Vos*– sus protagonistas consiguen poner en jaque las normas de sus épocas respectivas mientras que, al mismo tiempo, realizan agudos comentarios que pueden ser fácilmente aplicados a la sociedad de nuestro tiempo.

Podemos concluir diciendo, por tanto, que si hay un espacio en la literatura que merezca ser revalorizado y analizado con más atención de la que se le ha prestado hasta ahora, ese es el estudio del artista. Siguiendo el espíritu de esta colección, *Encuentros: Cultura y Literatura*, este volumen ha intentado poner en evidencia no solo la necesidad de que el estudio del artista sea explorado como un tema literario con más profundidad, sino también su capacidad para poner en el centro de atención algunas de las formas más complejas y sutiles en las que la cultura y la literatura de una época determinada se encuentran y se influencian mutuamente a través de las narrativas que hacen uso de él. En una sociedad crecientemente interconectada y globalizada, espero que el lector o lectora pueda, a partir de ahora, encontrarse con el estudio del artista desde una nueva perspectiva, desde una visión que le permita orientarse hacia el valor de los espacios y su tremendo impacto literario.

Bibliografía

Ahmed, Sara. *Fenomenología Queer: Orientaciones, Objetos, Otros*. Bellatera, 2019.

Ahmed, Sara. *¿Para qué sirve? Sobre los usos del uso*. Bellaterra, 2020.

Allot, Miriam, editora. *The Brontës: the Critical Heritage*. Routledge, 1995.

Anesko, Michael. *Henry James and Queer Filiation: Hardened Bachelors of the Edwardian Era*. Cham, Palgrave Pivot, 2018.

Aragonés, Juan I., María Amérigo y Raquel Pérez-López. «Perception of Personal Identity at Home». *Psichothema*, vol. 22, no. 4, 2010, pp. 872-879.

Aresti Esteban, Nerea. «La historia de género y el estudio de las masculinidades. Reflexiones sobre conceptos y métodos». *Feminidades y Masculinidades en la Historiografía de Género*, editado por Henar Gallego Franco. Comares, 2018, pp. 173-194.

Bachelard, Gaston. *La Poética del Espacio*. Breviarios del Fondo de Cultura Económica, 1975.

Baudelaire, Charles. *Escritos sobre arte, Literatura y Música*. Acantilado, 2022.

Blanco Rodríguez, Elia. «La historia de las masculinidades en la España decimonónica: el surgimiento de un nuevo campo historiográfico». *Revista de Historiografía*, vol. 35, 2021, pp. 267-290.

Blasco Esquivias, Beatriz. «Los espacios de la necesidad: alimentación, higiene y descanso nocturno». *La Casa: Evolución del Espacio Doméstico en España, Vol. I.*, editado por Beatriz Blasco Esquivias. Ediciones El Viso, 2006, pp. 17-124.

Bormann, Maria Benedita. *Lésbia*. Sem Classe Editorial, 2020.

Bourrier, Karen. *Disability and Masculinity in the Mid-Victorian Novel*. University of Michigan Press, 2015.

Bristow, Joseph. *Oscar Wilde on Trial: The Criminal Proceedings from Arrest to Imprisonment*. Yale University Press, 2022.

Brontë, Anne. *La Inquilina de Wildfell Hall*. Alba Editorial, 2023.

Brontë, Charlotte. «Biographical Notice». En Emily Brontë. *Wuthering Heights*. Penguin, 2008, pp. xliii-l.

Brown, Bill. «Re-Assemblage (Theory, Practice, Mode)». *Critical Inquiry*, vol. 46, 2020, pp. 259-303.

Butler, Judith. *Mecanismos Psíquicos del Poder: Teorías sobre la Sujeción*. Cátedra, 2001.

Butler, Judith. *El Género en Disputa: El Feminismo y la Subversión de la Identidad*. Paidós, 2007.

Cámara Muñoz, Alicia. «La dimensión social de la casa. *La Casa: Evolución del Espacio Doméstico en España, Vol. I*», editado por Beatriz Blasco Esquivias. Ediciones El Viso, 2006, pp. 125-200.

Chapin, Stuart. «The Psychology of Housing». *Social Forces*, vol. 20, no. 1, 1951, pp. 11-15.

Deleuze, Gilles y Claire Parnet. *Diálogos*. Pre-Textos, 1980.

Doménech Montagut, María Asunción. *Género y Enfermedad Mental: Trastornos Psíquicos en las Novelas de Emilia Pardo Bazán*. Servicio de Publicaciones de la Universidad de Córdoba, 2000.

Dowling, Linda. *Hellenism and Homosexuality in Victorian Oxford*. Cornell University Press, 1994.

Easton, Alison. «Hawthorne and the question of women». *The Cambridge Companion to Nathaniel Hawthorne*, editado por Richard H. Millington. Cambridge University Press, 2004, pp. 79-98.

Echevarría, Ignacio. «Introducción». En Émile Zola. *La Obra*. Penguin, 2007.

Fize, William. «The homosexual exception? The case of the Labouchère Amendment». *Cahiers Victoriens et Édouardiens*, vol. 91, 2020, pp. 1-13.

Flint, Kate. «Women writers, women's issues». *The Cambridge Companion to the Brontës*, editado por Heather Glen. Cambridge University Press, 2002, pp. 170-191.

Friedman, Dustin. *Before Queer Theory: Victorian Aestheticism and the Self*. John Hopkins University Press, 2019.

Fuss, Diana. *The Sense of an Interior: Four Writers and the Rooms that Shaped Them*. Routledge, 2004.

Giménez Serrano, Carmen. «El sentido del interior. La idea de la casa decimonónica». *La Casa: Evolución del Espacio Doméstico en España, Vol. II*, editado por Beatriz Blasco Esquivias. Ediciones El Viso, 2006, pp. 11-84.

Girouard, Mark. *The Victorian Country House*. Yale University Press, 1990.

Graham, Lindsay. «The Psychology of Home Environments: A Call for Research on Residential Space».

Perspectives on Psychological Science, vol. 10, no. 3, 2015, pp. 346-356.

Greven, David. «Gender roles». *Nathaniel Hawthorne in Context*, editado por Monika M. Elbert. Cambridge University Press, 2018, pp. 146-156.

Grosz, Elizabeth. *Volatile Bodies: Toward a Corporeal Feminism*. Indiana University Press, 1994.

Hall, James. *The Artist's Studio: A Cultural History*. Thames & Hudson, 2022.

Haralson, Eric. *Henry James and Queer Modernity*. Cambridge University Press, 2023.

Hardy, Thomas. *The Pursuit of the Well-Beloved*. Penguin, 1997.

Hawthorne, Nathaniel. *El Fauno de Mármol*. Backlist, 2010.

Homero. *La Ilíada*. Blackie Books, 2022.

Horne, Philip. Introduction. En James, Henry, *The Tragic Muse*. Londres, Penguin, 1995, pp. vii-xxx.

Husserl, Edmund. *Ideas: General Introduction to Pure Phenomenology*. Routledge, 2012.

Ibsen, Henrik. *Plays IV*. Methuen, 1991.

James, Henry. *La Musa Trágica*. Seix Barral, 1993.

James, Henry. *The Tragic Muse*. Penguin, 1995.

James, Henry. *Letters, Volume IV, 1895-1916*, editado por Leon Edel. Harvard University Press, 1984.

Keller, Gottfried. *Green Henry*. Alma Classics, 2023.

Kovach, Elizabeth, Jens Kugele y Ansgar Nünning. «Introduction: approaching "passages" from the perspective of traveling concepts, metaphors and narratives in the study of literature and culture». *Moving Beyond Liminality in the Study of Literature and Culture*, editado por Elizabeth Kovach, Jens Kugele y Ansgar Nünning. University College London Press, 2022, pp. 1-26.

Land, Ray, Julie Rattray y Peter Vivian. «Learning in the liminal space: a semiotic approach to threshold concepts». *Higher Education*, vol. 67, 2014, pp. 199-217.

«Liminal». *Cambridge Dictionary*. Cambridge University. https://dictionary.cambridge.org/. Consultado 4 de octubre de 2023.

«Liminar». *Diccionario de la Lengua Española*. Real Academia de la Lengua Española. https://dle.rae.es. Consultado 4 de octubre de 2023.

Litvack, Joseph. *Caught in the Act: Theatricality in the Nineteenth Century English Novel*. University of California Press, 1992.

López Quintáns, Javier. *El Fracaso Existencial en los Personajes de la Narrativa de Emilia Pardo Bazán*. Fundación Universitaria Española, 2008.

Luebering, John E. «Anne Brontë». *Encyclopedia Britannica*, 13, sept. 2023, https://www.britannica.com/biography/Anne-Bronte. Consultado 26 de octubre de 2023.

Mann, Thomas. *Death in Venice and Other Stories*. Penguin, 1998.

Manning, Susan. «Introducción». En Nathaniel Hawthorne. *El Fauno de Mármol*. Blacklist, 2010, pp. vii-xliii.

Marc, Olivier. *Psychology of the House*. Thames and Hudson, 1977.

Martin, Robert K. y George Piggford. «Queer Forster?». *Queer Forster*, editado por Robert K. Martin y George Piggford. The University of Chicago Press, 1997, pp. 1-29.

Mendelssohn, Michèle. *Henry James, Oscar Wilde and Aesthetic Culture*. Edinburgh University Press, 2007.

Mendelssohn, Michèle. *Making Oscar Wilde*. Oxford University Press, 2018.

Meyer, Jan H. F. y Ray Land. «Threshold concepts and troublesome knowledge: issues of liminality». *Overcoming Barriers to Student Understanding: Threshold Concepts and Troublesome Knowledge*, editado por Jan H. F. Meyer y Ray Land. Routledge, 2006, pp. 19-33.

Míguez, Manuel Francisco. «Introducción». En Oscar Wilde. *El Cuadro de Dorian Gray*. Cátedra, 2018.

Milder, Robert. *Hawthorne's Habitations: A Literary Life*. Oxford University Press, 2013.

Miller, Lucasta. *The Brontë Myth*. Knopf, 2002.

Moon, Michael. *A Small Boy and Others: Imitation and Initiation in American Culture from Henry James to Andy Warhol*. Duke University Press, 1998.

Murger, Henry. *Escenas de la Vida Bohemia*. Alba editorial, 2007.

Nalbone, Lisa. «El vértice de la Modernidad en *La Quimera* y *Dulce Dueño* de Emilia Pardo Bazán». *La Literatura de Emilia Pardo Bazán*, editado por José Manuel González Herrán, Cristina Patiño Eirín y Ermitas Penas Varela. Casa-Museo Emilia Pardo Bazán, 2009, pp. 483-493.

Niziolek, Katarzyna. «Assemblage of memory: on the structure, process and creativity in collective memory». *Creativity Studies*, vol. 14, no. 1, 2021, pp. 271-94.

O'Brien, Kevin H. F. «"The House Beautiful": A reconstruction of Oscar Wilde's American Lecture». *Victorian Studies*, vol. 17, no. 4, 1974, pp. 395-418.

Onderdonk, Todd. «The Marble Mother: Hawthorne's iconographies of the feminine». *Studies in American Fiction*, vol. 31, no. 1, 2003, pp. 73-100.

Pardo Bazán, Emilia. *La Quimera*. Madrid: Cátedra, 2022.

Pardo Bazán, Emilia. *Al Pie de la Torre Eiffel*. La España Editorial, 1889.

Pardo Bazán, Emilia. *La Cuestión Palpitante*. Anthropos, 1989.

Pardo Bazán, Emilia. «Cuarenta Días en la Exposición». *Obras Completas, XXI*. 1900.

Pardo Bazán, Emilia. «Un Novelista, un Pintor». *La Ilustración Artística*, no. 975, 1900, p. 570.

Pater, Walter. *Selected Essays*, editado por Alex Wong. Carcanet Classics, 2018.

Patmore, Coventry. *The Angel in the House*. Project Gutenberg, 2019, https://www.gutenberg.org/ebooks/41512. Consultado 3 de octubre de 2023.

Prieto Palomo, Teresa y Paulino Martín Blanco. «La casa en la literatura española». *La Casa: Evolución del Espacio Doméstico en España, Vol. I*, editado por Beatriz Blasco Esquivias. Ediciones El Viso, 2006, pp. 201-265.

Reed, Christopher. «What do we want from artists' houses? A reflection». *British Art Studies*, vol. 9, 2018, https://dx.doi.org/10.17658/issn.2058-5462/issue-09/creed. Consultado 20 de agosto de 2023.

Rhys, Ernest. *Frederic Lord Leighton: An Illustrated Record of his Life and Work*. Project Gutenberg, 2009, https://www.gutenberg.org/cache/epub/30262/pg30262-images.html. Consultado 5 de septiembre de 2023.

Roberts, Mary. «The resistant materiality of Frederic Leighton's Arab Hall». *British Art Studies*, vol. 9, 2018, https://dx.doi.org/10.17658/issn.2058-5462/issue-09/mroberts. Consultado 3 de septiembre de 2023.

Real Academia Española. «Liminar». *Diccionario de la Lengua Española*. 23.ª ed., versión 23.6, https://dle.rae.es. Consultado 4 de octubre de 2023.

Royal Borough of Kensington and Chelsea. *Room Guide, with an Introduction to the Holland Park Circle of Artists' Houses*, 2023.

Sim Lorraine. «*Wuthering Heights* and the politics of space». *Limina*, vol. 10, 2004, pp. 32-51.

Stevens, Hugh. *Henry James and Sexuality*. Cambridge University Press, 1998.

Stoneman, Patsy. «The Brontë Myth». *The Cambridge Companion to the Brontës*, editado por Heather Glen. Cambridge University Press, 2002, pp. 214-241.

Tanner, Tony. *Hawthorne*. MacMillan, 1967.

«The Sleeping Model, 1853, William Powell Frith RA (1819-1909)». *Royal Academy*, https://www.royalacademy .org.uk/art-artists/work-of-art/the-sleeping-model. Consultado 3 de octubre de 2023.

Thomassen, Bjørn. *Liminality and the Modern: Living through the In-Between*. Ashgate, 2014.

Vázquez García, Francisco y Richard Clemison. «*Los Invisibles*»: *Una Historia de la Homosexualidad Masculina en España, 1850-1939*. Comares, 2011.

White, Roberta. *A Studio of One's Own: Fictional Women Painters and the Art of Fiction*. Fairleigh Dickinson University Press, 2005.

Wilde, Oscar. *El Cuadro de Dorian Gray*. Cátedra, 2018.

Williams, Susan S. «Hawthorne and the visual arts». *Nathaniel Hawthorne in Context*, editado por Monika M. Elbert. Cambridge University Press, 2018, pp. 167-178.

Wong, Alex. «Introduction». En Walter Pater. *Selected Essays*. Carcanet Classics, 2018, pp. 9-39.

Woolf, Virginia. *Una Habitación Propia*. Seix Barral, 2022.

Zola, Émile. *La Obra*. Penguin, 2020.

Zola, Émile. *Écrits sur l'Art*. Gallimard, 1991.